FAIRE
LA GUERRE
SANS L'AIMER ?

Cet ouvrage est le premier titre d'une collection intitulée « On poursuit le débat », lancée en coédition avec l'émission *C ce soir*.

Éditrice : Julie Davidoux
Couverture : William Londiche
Photo en couverture : © Laurent Hazgui
Conception graphique – PAO : Nord Compo

10, rue Ballu – 75009 Paris
www.philomag.com
contact@philomag.com
ISBN : 978-2-900818-34-3
Diffusion distribution : Harmonia Mundi Livre

Stéphane Audoin-Rouzeau
Gérard Araud

FAIRE LA GUERRE SANS L'AIMER ?

Une conversation
menée par Martin Legros
et Karim Rissouli

PHILOSOPHIE MAGAZINE ÉDITEUR

Ils l’ont dit sur le plateau de l’émission *C ce soir* (France 5)

« Depuis quatre-vingts ans nos pays européens sont gorgés de paix, l'idée que la guerre reste un horizon n'était même pas concevable »

Stéphane Audoin-Rouzeau,
le 11 mars 2024

« La France n'est pas le Zorro des relations internationales »

Gérard Araud,
le 18 mars 2024

« Nous avons péché par naïveté, une très belle naïveté, nous avons réalisé le très bel espoir des pacifistes et nous en payons le prix »

Stéphane Audoin-Rouzeau,
le 11 mars 2024

« Je ne vois pas comment mettre fin à une guerre sans négocier. On ne fait pas confiance à son ennemi par essence. On ne faisait pas confiance à l'Allemagne en 45 »

Gérard Araud,
le 18 mars 2024

« On a cru à la guerre courte, on a cru à la guerre sans atrocités, on s'est bercé d'illusions »

Stéphane Audoin-Rouzeau,
le 11 mars 2024

« En Israël, la musculation a remplacé le violoncelle »

Gérard Araud,
le 10 mars 2024

« Rien n'est jamais joué dans la guerre. La guerre est un caméléon : elle a changé combien de fois sous nos yeux depuis deux ans ? »

Stéphane Audoin-Rouzeau,
le 11 mars 2024

Préface

Faire la guerre... sans l'aimer ! La formule capte assez bien l'état d'esprit qui est redevenu le nôtre en Europe, alors que la guerre a fait son grand retour sur le continent depuis deux ans, suite à l'invasion de l'Ukraine par les troupes russes de Vladimir Poutine. Nous avions cru, après les ravages des deux conflits mondiaux sur notre sol, nous être définitivement débarrassés de la guerre. Nous la considérions, en regard du nouveau modèle, pacifique, de la construction européenne, comme un recours périmé, une folie destructrice et inutile. Voilà qu'elle a refait effraction dans nos esprits et dans nos vies ! Voilà que nous devons composer avec elle, même si c'est à distance. Il nous faut réapprendre à observer un champ de bataille, à envisager les meilleures stratégies, à produire des armes, à considérer les conséquences sur l'économie et le prix de l'énergie, à imaginer que la guerre puisse s'étendre à tout le continent, à redouter même la montée aux extrêmes et l'usage de l'arme nucléaire... Et pourtant, tout en lui faisant à nouveau une place dans notre expérience, nous conservons de la mémoire des désastres passés l'idée que, s'il faut être prêt à prendre les armes, il faut aussi se retenir de succomber à l'envoûtement de la guerre, à son effervescence, à l'endoctrinement et à la brutalisation qu'elle ne peut manquer de susciter chez ses protagonistes. Faire la guerre, peut-être, l'aimer, jamais plus. Préserver à son égard réserve et prudence. La redouter et la détester même, tout en reconnaissant sa redoutable nécessité.

C'est à l'écrivain-philosophe André Malraux que nous devons la formule et l'éthique qu'elle encapsule. Probablement écrite autour de 1940 dans une première version de son roman *Les Noyers de l'Altenburg* qui ne sera publié en France qu'en 1948, elle apparaît en octobre 1944, deux mois après la Libération, dans *Combat*, le journal associé au mouvement de résistance né sous l'Occupation, qui poursuit sa publication et auquel Malraux contribue aux côtés d'Albert Camus et de Pascal Pia. L'écrivain résistant, engagé en faveur des républicains espagnols avec son escadrille España, qui a participé, brièvement, aux combats de la « drôle de guerre » comme tankiste à Provins et qui s'est engagé, tardivement, dans la Résistance, publie après la guerre des petits récits mi-vécus mi-fictionnels sur les expériences du combat qui ont été les siennes et celles de ses contemporains. Le récit qui est titré *La Guerre sans l'aimer* raconte comment, lors d'une offensive de blindés contre les lignes allemandes en Flandre, en 1940, quatre soldats s'embourbent dans une fosse antichar et sont exposés, à l'arrêt dans leur cage de fer, aux menaces d'obus des Allemands. L'écrivain fait de la plongée dans la fosse une expérience symptomatique de la guerre, le symbole d'un divorce avec la terre, d'un ébranlement qui prive « l'aventure humaine » de ses coordonnées fondamentales. « Du vieil accord de l'homme et de la terre, il ne reste rien : ces blés où nous tanguons dans l'obscurité ne sont plus des blés, mais des camouflages : il n'y a plus de terre à moissons, il n'y a plus qu'une terre à fosses, une terre à mines ; et il semble que le char rampe de lui-même vers quelque embûche terrée d'elle-même, que les espèces futures commencent cette nuit leur propre combat, au-delà de l'aventure humaine[1]... » Conscient que d'autres chars, en face, avancent dans la même nuit de feu, avec à leur bord « des hommes pareillement crispés, pareillement distraits », le narrateur ne peut s'empêcher d'éprouver, au cœur du déluge qui les menace, lui et ses camarades, une sorte d'« exaltation ». « Vient-elle de la communion dans l'engagement tenu au prix du sang, vient-elle de ce qu'a toujours de trouble et de solennel le sacrifice humain ? Comme je veux qu'aucun de ces hommes ne meure[2] ! » C'est à cet instant précis, alors qu'il est saisi à la fois

1. André Malraux, *Les Noyers de l'Altenburg*, Folio Gallimard, 1948, p. 242.
2. *Ibid.*, p. 244.

par la terreur de la mort et par l'attache exaltée à la vie de ses frères d'armes, qu'il a cette pensée, comme une objection qu'il s'adresse à lui-même autant qu'à ses adversaires : « Ah ! que la victoire demeure avec ceux qui auront fait la guerre sans l'aimer[1]. » Cette scène fascinante se conclut sur une révélation : alors que le narrateur a réchappé miraculeusement à la terreur de la « fosse commune », il s'extrait de son char et se dirige au petit matin à pied vers un village de campagne dépeuplé. Et là, en proie à la joie enfantine du survivant, il éprouve un éblouissement face aux sensations retrouvées du monde. « Le monde aurait pu être simple comme le ciel et la mer. Et de regarder ses formes qui ne sont, devant moi, que celles d'un village abandonné, condamné ; de regarder ces granges de Paradis et ces épingles à linge, ces feux éteints et ces puits, ces églantiers épars, ces ronces voraces qui peut-être dans un an auront tout recouvert, ces bêtes, ces arbres, ces maisons, je me sens devant un don inexplicable – une

1. *Ibid.*, p. 244.

apparition[1]. » Quel est le sens de ce don et de cette révélation ? C'est la même, répond Malraux, que celle que les Rois mages ont faite à la naissance du fils de Dieu : que la nuit de l'angoisse et de la mort est entrouverte sur l'éblouissant mystère du matin et de la vie, « aussi forte que les ténèbres et aussi forte que la mort[2]... ».

Signe que Malraux était très attaché à cette scène de « la fosse à chars », elle apparaît dans le roman *Les Noyers de l'Altenburg*, publié en 1948, où il mêle sans transition des tableaux de la Première et de la Seconde Guerre mondiale, et où il met notamment en scène, pour évoquer la fraternité qui peut surgir dans la guerre, des soldats allemands tellement choqués par l'effet de l'usage du gaz sur leurs ennemis que certains viennent les secourir... La même scène est également reprise dans les *Antimémoires* (1967), placée cette fois entre deux développements

1. *Ibid.*, p. 260.
2. *Ibid.*, p. 261.

philosophiques sur l'Inde, avec de nombreuses citations de la *Bhagavad-Gita*, la grande épopée philosophique et militaire de la pensée hindoue. Or la Gita s'ouvre sur le trouble d'Arjuna, guerrier en proie à un doute proche de celui du narrateur de la campagne des Flandres, en 1940 : alors qu'il hésite à combattre dans une bataille où il risque de mettre en danger les membres de sa propre famille qui sont dans le camp d'en face, Arjuna voit apparaître en la personne de son conducteur de char Krishna, incarnation du dieu Vishnu, qui lui rappelle qu'il a le devoir de combattre mais « sans attachement », sans considérer « le fruit de ses actes ». Enfin – dernier signe que l'écrivain philosophe voyait dans cette formule un enseignement fondamental sur la guerre –, dans *L'Homme précaire et la Littérature*, son testament intellectuel, publié après sa mort, Malraux précise : « Le *"faire la guerre sans l'aimer"* de Curiace (et d'Arjuna) est sans doute aussi vieux que la guerre[1]. »

1. André Malraux, *L'homme précaire et la littérature*, Folio-Gallimard, 1977, p. 61

Quelle est cette sagesse « aussi ancienne que la guerre », tirée des champs de bataille des guerres modernes aussi bien que des épopées guerrières de la plus vieille antiquité, celle des Horaces et des Curiaces racontée par Tite-Live dans son *Histoire de Rome* ou celle d'Arjuna racontée dans la *Bhagavad-Gita* ? En l'insérant dans un récit où les souvenirs de différents conflits, anciens et modernes, se télescopent, Malraux fait d'abord entendre que, hier comme aujourd'hui, le champ de bataille de la guerre n'est pas seulement peuplé d'hommes, d'obus, de chars, de fosses... ou de drones, mais qu'il est hanté par les fantômes des conflits passés. Dans les Flandres en 1914 et en 1940, comme en Ukraine en 2024, la guerre fait refluer les expériences, les attentes, les peurs et les leçons d'hier, de même que ces images des tranchées de la Première Guerre qui retrouvent une troublante actualité aujourd'hui en Ukraine, ou celles de l'engagement de soldats étrangers venus de toute l'Europe lors de la guerre d'Espagne, ou encore les souvenirs coupables de Munich face à tous ceux qui se montrent prêts à pactiser avec Poutine… La guerre n'est jamais purement présente, elle est toujours aussi polarisée par les fantômes du passé qui guident mais égarent aussi les soldats sur le champ de bataille, les stratèges dans les salles de commandement militaire, les gouvernants et leurs peuples. Ensuite, Malraux nous alerte sur le fait que la guerre est une *expérience limite* qui nous révèle à nous-mêmes, dans nos forces comme dans nos faiblesses, mais qui peut nous faire perdre nos repères fondamentaux, comme ces soldats dans leur char emporté dans leur fosse, privés du sol ferme de la terre et portés par la seule exaltation de la confrontation angoissée avec la mort. Enfin, en formulant l'espoir que la victoire soit accordée à ceux-là seuls qui auront su, tout le long du combat, se garder d'accorder à la guerre une valeur affective ou un prestige, Malraux nous invite à considérer que du point de vue même de la guerre et de sa nécessité, le succès est promis à ceux qui ne lui livrent pas leur cœur, qui ne s'en remettent pas au verdict des armes comme à un vénérable justicier. Bref, c'est en tant qu'elle n'est pas aimable ni admirable que la guerre doit être faite... et qu'elle peut être gagnée.

Aujourd'hui, qu'en est-il ? L'enseignement de Malraux peut-il servir de boussole pour affronter le retour de la guerre dans le monde contemporain ? Quel est le sens de ce retour ? En quoi a-t-il bouleversé nos attentes et nos repères ? Comment lui faire une juste place dans nos vies, dans nos projets, dans nos calculs ? Et la paix, comment la concevoir, dès lors que nous avons renoncé au projet un peu fou de bannir la guerre ? L'idée que nous nous faisons de nous-mêmes, nous autres Européens, mais aussi de l'histoire et de la politique à l'échelle des nations ne doit-elle pas être reconsidérée ? Comment assurer notre sécurité et notre prospérité dans un monde redevenu tragiquement conflictuel et incertain ?

Pour affronter ces questions, nous avons sollicité deux grands esprits, deux figures, différentes mais complémentaires, de l'intelligence de la guerre. **Stéphane Audoin-Rouzeau** est historien de la Grande Guerre. Directeur d'études à l'École des hautes études en sciences sociales où il dirige le prestigieux Centre des Savoirs sur le Politique, président du Centre international de recherche de l'historial de la Grande Guerre, il a renouvelé en profondeur l'approche et la connaissance de cet « événement » en s'intéressant à la manière dont il avait bouleversé les corps et les représentations, en se saisissant notamment des violences exercées sur les enfants ou sur les femmes. Auteur avec Annette Becker de *14-18. Retrouver la guerre* (Gallimard, 2001) et de *Combattre. Une anthropologie historique de la guerre moderne (XIX*^{e}*-XXI*^{e} *siècle)* (Seuil, 2008), ou plus récemment de *La Part d'ombre. Le risque oublié de la guerre*, coécrit avec Hervé Mazurel (Les Belles Lettres, 2023), il s'est également intéressé au génocide des Tutsi rwandais. Depuis le début de la guerre en Ukraine, en 2022, il a proposé des analyses très éclairantes sur les analogies entre ce conflit et la Première Guerre mondiale. Et il a pris acte du fait que cet événement marque une rupture dans l'oubli ou ce qu'il appelle la « déprise » des Européens par rapport au fait guerrier. Ainsi, sur le plateau de *C ce soir*, il a rapidement affirmé : « La guerre signe le retour du tragique dans nos existences. »

Gérard Araud, lui, est diplomate, ancien ambassadeur de France en Israël (de 2003 à 2006) et aux États-Unis (de 2014 à 2019), après avoir été représentant permanent de la France auprès des Nations unies à New York. Diplômé de Sciences Po et de l'ENA, il a été conseiller au centre d'analyse et de prévision du ministère des Affaires étrangères, en charge principalement du Moyen-Orient, puis négociateur pour la France sur le dossier nucléaire iranien. Réputé pour son franc-parler, rare chez les diplomates, il n'hésite pas, le jour de l'élection de Donald Trump le 9 novembre 2016, à prendre acte de la portée de l'événement d'un tweet frappant : « Après le Brexit et cette élection, tout est désormais possible. Un monde s'effondre devant nos yeux. Un vertige. » Tenant d'une conception réaliste des relations internationales, il a notamment publié *Histoires diplomatiques. Leçons d'hier pour le monde d'aujourd'hui* (Grasset, 2022) et *Nous étions seuls. Une histoire diplomatique de la France 1919-1939* (Tallandier, 2023). Depuis le début de la guerre en Ukraine, mais aussi la reprise de la guerre à Gaza, après le massacre du 7 octobre en Israël, il est très sollicité dans les médias pour éclairer les événements. Soucieux de mesurer les forces en présence, et en particulier l'asymétrie entre les Russes et les Ukrainiens, il ne cesse d'alerter sur le fait qu'il faut être prêt à négocier avec un adversaire plus fort en tenant compte du retour de la logique de la puissance, par rapport à celle du droit et de la morale.

Au vu de leur expertise, de leurs prises de position et de leur volonté de prendre en charge les questions que pose la reconfiguration générale de l'Europe et du monde, consécutive à la guerre en Ukraine, mais aussi au Proche-Orient, nous avons tout de suite pensé à eux pour mener à bien cette conversation. Elle a été conduite en deux temps, le 26 avril et le 5 juin dernier – et il convient de souligner qu'ils ne peuvent être tenus comptables des évolutions survenues depuis sur le champ de bataille et de celles qui ne manqueront pas de survenir dans les prochains mois. Comme l'affirme à maintes reprises ici même Stéphane Audoin-Rouzeau, la guerre est un « caméléon » qui ne cesse d'évoluer et de modifier la perspective qui est la nôtre. Mais cela n'empêche pas leur analyse contrastée de la situation et des conséquences politiques, stratégiques et philosophiques du retour de la guerre d'être très précieuse.

Nous les avons réunis dans le cadre d'une nouvelle collection de débat sur les grandes questions de notre temps, fruit d'une collaboration entre les équipes de l'émission *C ce soir*, diffusée sur France 5 depuis trois ans, et de

Philosophie magazine Éditeur, la maison d'édition attachée au mensuel de presse. Les deux magazines, télévisé et de papier, partagent une même ambition : éclairer l'actualité par le biais des idées, en donnant la parole aux intellectuels de tous bords pour affronter les grands enjeux du monde contemporain. Tous les soirs de la semaine, sur les plateaux de *C ce soir*, grâce à la qualité de l'animation et des invités, des discussions passionnantes surgissent que l'on aimerait parfois poursuivre tant elles touchent à des questions fondamentales sur le sens de la vie collective, la démocratie, les libertés, les mouvements sociaux ou les grands événements. Chaque mois, dans *Philosophie magazine*, et tous les jours, sur le site philomag.com, grâce à une des plus grandes rédactions d'idées de la presse, les enjeux de l'actualité sont traités à travers des entretiens, des analyses, des réflexions philosophiques. Nous avons donc décidé d'associer nos forces au service d'une collection de livres de débat associant le format vivant de la conversation, l'espace

d'approfondissement du livre et la précision de l'écriture.
Cette conversation est la première d'une nouvelle série. Et nous en sommes très heureux parce qu'elle a amplement répondu à nos attentes. Elle s'est d'abord déroulée, dans les studios de l'émission *C ce soir*, dans un climat d'écoute et de nuance qu'il est rare d'observer sur un enjeu devenu aussi clivant que la guerre en Ukraine, la politique de Poutine et l'avenir de l'Europe. Alors même qu'ils viennent d'horizons très différents, celui des salles de cours et colloques de recherche en histoire pour l'un et celui des sommets entre chefs d'État, des assemblées internationales et des salons de négociation d'ambassade pour l'autre, nos interlocuteurs se sont fait le crédit de pouvoir apprendre l'un de l'autre et grâce à cela d'y voir plus clair et d'avancer. Nous-mêmes, les interrogeant, et appartenant à une génération plus jeune, nous avons appris beaucoup à leur contact, nous avons pris conscience de la pertinence de leurs propos. Un seul exemple : alors

qu'ils évoquaient la disparition de la guerre de l'horizon mental de nos contemporains, ils attirent notre attention sur une de ses manifestations les plus concrètes : « Cela fait des mois que nous débattons pour savoir s'il faut ou pas livrer des chars aux Ukrainiens. Mais personne n'ignore, s'il a une culture minimale du fait guerrier, que des chars sans avions pour les protéger, ça ne marche pas. » Et voilà que nous nous retournons l'un vers l'autre, nous les journalistes, en mesurant, au travers de notre ignorance béate de cette donnée simple et fondamentale, que la guerre était bien sortie de nos esprits...

Tel est l'enseignement premier sur lequel nos interlocuteurs se sont vite accordés : la guerre refoulée, oubliée, déniée pendant plusieurs décennies a fait son grand retour et elle nous contraint à un réveil, militaire et stratégique, culturel et politique. Mais de là découle toute une série de questions ouvertes. Quand la nouvelle séquence « géopolitique » dans laquelle nous nous trouvons a-t-elle commencé ? En

2022, avec l'invasion de l'Ukraine ? En 2014, avec l'annexion de la Crimée ? Ou dès la chute du mur, en 1989, considérée par Vladimir Poutine comme « la plus grande catastrophe géopolitique du XXe siècle » ? Et si l'agression de Poutine est contraire au droit international, n'avons-nous pas nos propres responsabilités, et d'abord celle de ne pas avoir vu venir la catastrophe qui se préparait ? Convaincus l'un et l'autre que, en raison des forces en présence, l'Ukraine ne peut malheureusement pas gagner cette guerre – mais qu'il ne faut pas laisser la Russie l'emporter, sous peine d'une déstabilisation définitive de l'Europe –, nos deux interlocuteurs envisagent aussi les voies de sortie possibles, compte tenu du jeu des alliances entre les puissances et tout en précisant que tout est suspendu à l'élection américaine du 5 novembre prochain. Armistice ? Paix ? Nouvelle ossature de la sécurité européenne ? Sans jamais se départir d'un réalisme prudent, ils dégagent pour nous les voies du possible et de l'impossible, en s'étayant à la fois sur les analogies

historiques avec le passé (guerre d'Espagne, Munich, Première et Seconde Guerre mondiale) et sur les conceptualisations de l'espace international, de Clausewitz à Raymond Aron.
Au terme de cette passionnante conversation, on comprend mieux pourquoi, dans une configuration entièrement transformée, il faut à nouveau se préparer à connaître et à faire la guerre, sans l'aimer.

Martin Legros

Chapitre I

Le retour de la guerre

Gérard Araud : Je suis diplomate et un diplomate ne peut pas aimer la guerre.

Stéphane Audoin-Rouzeau : Cela se comprend. Après tout, quand la guerre éclate, vous n'avez plus de travail...

G. A. : Vous avez raison, c'est ce qu'on nous dit quand les hostilités commencent : « Va jouer au golf ! » Et on ne nous rappelle qu'à la fin, pour signer un accord de paix sur lequel nous n'avons souvent pas grand-chose à dire. Après Austerlitz, Napoléon charge son meilleur diplomate, Talleyrand, de négocier avec l'Autriche. Talleyrand fait de son mieux pour ménager l'adversaire et préserver la possibilité d'une alliance future. Mais Napoléon est derrière son épaule et impose des conditions drastiques... Le diplomate, c'est le technicien qui trouve des formules, mais, à la fin, c'est le politique qui décide.

S. A.-R. : Plus sérieusement, est-ce que le diplomate n'entretient pas une relation ambiguë avec l'usage de la force ? Il la rejette en tablant sur les vertus de la négociation. Mais en même temps, il en a besoin, ne serait-ce qu'à titre de menace, pour donner du poids à ses propositions.

G. A. : C'est exact. Dans un conflit grave, la négociation ne peut aboutir que si subsiste la menace d'un possible recours à la force. Mais, dans le fond, l'entrée dans la guerre est toujours désastreuse. Pourquoi ? D'abord, à cause de l'incertitude : dès la première minute de la guerre, tous les plans d'opération des militaires deviennent obsolètes. Une fois qu'elle est commencée, on ne sait jamais où la guerre nous entraîne, on entre dans les ténèbres. Ensuite, la guerre aggrave d'un seul coup tous les enjeux, elle exacerbe tout. Et plus la guerre dure, plus il est difficile de faire la paix. Les sacrifices et les souffrances s'accroissent, il devient compliqué de « vendre » la paix à l'opinion publique. Enfin, dans de très nombreuses situations, même quand la paix est rétablie, la guerre passée nourrit le ressentiment, l'esprit de vengeance et la volonté inavouable de préparer la prochaine confrontation. Pour toutes ces raisons, je crois que le diplomate ne peut que détester la guerre.

S. A.-R. : Je ne connaissais pas la formule de Malraux, « faire la guerre sans l'aimer ». Mais comme vous, j'y adhère, même si je la trouve un peu trop indulgente avec la guerre. La guerre est plus qu'une expérience désastreuse qu'il faudrait se garder d'aimer ou d'exalter, en dépit de ce qu'elle aurait de fascinant : à mes yeux, elle est tout simplement détestable. Raison pour laquelle on a tenté de l'éradiquer, d'ailleurs. C'est le sens des projets de « paix perpétuelle » élaborés par les philosophes des Lumières (les premiers projets de ce genre datant même du XVIe siècle). La détestation de la guerre s'affirme plus concrètement au XIXe siècle avec les premiers congrès pour la paix. Et on l'a un peu oublié, mais l'ambition de la Société des Nations, l'ancêtre de l'ONU, établie en 1919 au lendemain de la Première Guerre mondiale, était de remplacer la guerre par l'arbitrage international. À la fin des années 1920, avec le pacte Briand-Kellogg, il s'agira même de mettre la guerre « hors la loi ». Après l'hécatombe de 1914-1918, tous les acteurs politiques et sociaux veulent absolument en finir avec la guerre. Cela s'est révélé impossible, certes. Mais l'effroi est demeuré. Il faut ajouter que la *détestation* de la guerre a longtemps cohabité avec une *fascination* pour elle. Dans la peinture des XVIIe et XVIIIe siècles, le champ de bataille est exalté pour sa beauté. À l'époque napoléonienne, la splendeur de l'uniforme militaire atteint son apogée : il s'agit d'être *beau* au combat, le combat lui-même étant censé révéler un homme à lui-même ainsi qu'aux autres. Cette idéologie du « corps redressé » selon la formule de l'historien Georges Vigarello, splendidement habillé pour affronter la mort et la donner à l'adversaire, a longtemps persisté... jusqu'à l'hécatombe de la Grande Guerre, justement. De ce moment date sans doute, en Occident tout au moins, la fin de tout amour possible de la guerre. Si, sur le moment, celle-ci a été massivement acceptée par les populations européennes, elle fut ensuite, dans l'après-coup de la prise de conscience de l'hécatombe, radicalement rejetée. Cela au prix d'un bannissement déraisonnable de *toute* guerre, qu'illustre bien le pacifisme des années 1930. Face au nazisme, quelle autre solution que la guerre ? Quoi qu'il en soit, je crois que nous sommes les héritiers de cette détestation radicale de la guerre que nous a léguée la Première Guerre mondiale et que la guerre suivante n'a fait que confirmer et accentuer. Aujourd'hui, nous autres Européens, nous partageons tous cette idée relativement neuve à l'échelle de l'Histoire que la guerre est tout simplement haïssable. J'ajouterais que la guerre ne doit rester moralement envisageable que si, en même temps, on la déteste. C'est une manière d'intégrer les terribles leçons de notre histoire récente sans pour autant tomber dans un rejet principiel de la guerre.

G. A. : Toute la question aujourd'hui est de savoir si cette détestation de la guerre et cette aspiration à la paix, que nous partageons tous, qui se trouvent au fondement de la construction de l'Europe, ne nous ont pas empêchés de nous préparer au retour de la guerre dont nous sommes les contemporains…

S. A.-R. : Cela fait quatre-vingts ans que nous nous sommes « gorgés de paix » en Europe. Nous sommes des enfants gâtés de la paix. Je dirais même des enfants pourris gâtés des bienfaits de la paix. Cela nous a installés dans un horizon d'attente qui nous a empêchés de prendre la mesure de ce qui se jouait sous nos yeux, en Ukraine et à l'est du continent européen...

G. A. : Les Européens ont connu soixante-dix-sept ans de paix interétatique. C'est la période de paix la plus longue depuis la chute de l'Empire romain. Une période de paix qui, de surcroît, s'est doublée de prospérité, de sécurité et de liberté. Nous avons vécu dans un incroyable paradis anhistorique dont nous avons fini par croire, à force de nous y être habitués, qu'il définissait la nouvelle normalité. On avait le rêve, tout en construisant l'Union européenne, d'étendre ce modèle au monde entier comme si le droit international, la culture du compromis et les procédures allaient permettre dorénavant de régler tous les conflits. La guerre en Ukraine est venue fracasser ce rêve. Et il est temps pour les Européens de se réveiller. Moi-même je me souviens, il y a deux ans, quand la guerre a débuté, que je n'ai pas voulu l'admettre. Je n'ai pas voulu voir ce retour de la guerre. Sur un plateau de télévision, en janvier 2022, un journaliste m'a demandé : « Est-ce que vous pensez que les Russes vont attaquer ? » J'ai répondu : « Certainement pas. » Cela me semblait totalement inconcevable. Je me définis pourtant, en politique étrangère, comme un réaliste, j'avais entendu les informations qui circulaient dans les chancelleries, en provenance notamment des services de renseignements américains qui nous assuraient que les hostilités étaient inévitables : « Nous avons les preuves, ils vont attaquer. » Malgré cela, quelque chose en moi se refusait à donner crédit à ce scénario. Je connais bien la Russie. Je sais que les Russes ne considèrent pas l'Ukraine comme un pays indépendant – ce qui ne veut pas dire que tous les Russes veulent la reconquérir. Je sais que Poutine n'a cessé d'utiliser la force, dans le Caucase ou en Syrie, etc. Et cependant, comme une majorité d'entre nous, je n'y ai pas cru. Emmanuel Macron, comme tous ses homologues européens, a partagé cette illusion. Et je ne lui reproche pas d'ailleurs d'avoir essayé de parler à Poutine, parce qu'il fallait le faire. Non, son erreur a été de lui parler sans utiliser la menace d'un gros bâton dans le dos sur le mode : « Si tu attaques, prends garde, on sera du côté des Ukrainiens. » Cette position de faiblesse a induit Poutine à considérer qu'il ne rencontrerait pas d'opposition réelle en Ukraine. Cela dit, Emmanuel Macron a mesuré son erreur, depuis. Lui, il a changé de logiciel.

S. A.-R. : C'est étrange, parce que, pour ma part, alors même que je n'avais pas accès à vos informations et que je ne dispose nullement de votre expérience diplomatique, j'étais persuadé que les Russes attaqueraient. Pourquoi ? La première raison est très simple, elle a trait à un réflexe d'historien. J'ai pensé qu'on n'avait jamais vu dans l'Histoire un corps de bataille de cent soixante mille hommes se masser à une frontière... juste pour organiser un bluff. Le deuxième élément tient à la rhétorique, aux discours qui circulaient. Politiques, diplomates, spécialistes de la Russie, universitaires, tous les commentateurs affirmaient alors en chœur : « Une attaque de l'Ukraine par la Russie serait *irrationnelle.* » Poutine passe pour un acteur rationnel, et même très intelligent dans le champ des relations internationales, il n'y avait pas lieu de croire qu'il allait attaquer. « Irrationnelle » ? En tant qu'historien de la Grande Guerre, ce mot et ce raisonnement ont immédiatement allumé un signal dans mon esprit. Car on retrouve exactement le même argument avant la Première Guerre. En 1910, l'homme politique anglais Norman Angell publie *La Grande Illusion*, essai dans lequel il affirme qu'une confrontation entre les grandes puissances en Europe était impossible. C'est le best-seller géopolitique de l'époque. Quels sont ses arguments ? Compte tenu de l'imbrication notamment économique et financière entre l'Allemagne, la France, le Royaume-Uni et la Russie, la guerre serait... complètement *irrationnelle*, assure Angell. Il en conclut – là est la véritable faute de raisonnement : puisqu'elle est irrationnelle, la guerre ne doit pas avoir lieu.

Or, elle a eu lieu. Contrairement aux schémas marxistes sur la guerre impérialiste, les milieux économiques ont parfois imploré les politiques de ne pas entrer en guerre. Mais la logique politico-militaire a primé sur les intérêts bien compris de chacun. C'est exactement ce qui s'est passé en Ukraine. Face à Poutine, l'erreur de Macron est d'avoir cru qu'il allait pouvoir faire redescendre la tension au nom de l'intérêt « bien compris de chacun ». Et éviter ainsi la catastrophe. C'était une illusion : la décision russe de lancer l'offensive était prise depuis longtemps. Et cette erreur initiale d'appréciation, ce déni de la menace réelle de guerre, nous a coûté cher. Elle a coûté plus cher encore aux Ukrainiens.

G. A. : Je pense qu'on s'est longtemps voilé la face, mais qu'on est en train d'en sortir. Lors d'une conférence que je viens de donner à l'École des mines, j'ai été très surpris de voir que les jeunes étudiants avaient tous pris conscience que la guerre était de retour pour un certain temps. Ils m'ont interrogé sur le retour de la conscription, sur l'économie de guerre, etc. Il faut les comprendre, ils viennent de loin. On les a bercés dans l'illusion de la paix perpétuelle pendant des générations. Ils ont été chassés du paradis perdu, un peu comme Adam et Ève du jardin d'Éden. C'est dur pour une communauté nationale de « changer son fusil d'épaule », si je puis dire. Voyez dans les années 1930, on a mis du temps à se débarrasser du pacifisme hérité de la Première Guerre...

S. A.-R. : Sans doute faut-il du temps, en effet, à toute communauté nationale, pour modifier son horizon d'attente. Si on voulait tenter une comparaison avec les années 1930, je dirais que nous sommes aujourd'hui au moment du début de la guerre d'Espagne, en 1936, plutôt qu'au moment de Munich, en septembre 1938. Une guerre se déroule sur le continent européen, elle ne nous touche pas directement mais indirectement seulement, et nous sommes appelés à y contribuer pour éviter que la déflagration ne s'étende à l'ensemble du continent, à notre désavantage. Il pourrait donc s'agir de se préparer à nouveau à la guerre possible.

G. A. : C'est d'autant plus difficile qu'on a élevé les nouvelles générations dans l'idée que la guerre était un archaïsme qui ne concernait plus que les pays arriérés et que l'Europe avait trouvé la solution d'une humanité apaisée...

S. A.-R. : À ce propos, je voudrais soumettre au diplomate que vous êtes, spécialiste des relations internationales, une hypothèse historique peut-être intéressante. Il y a quelques années, l'historien américain Victor David Hanson a publié un livre saisissant intitulé *Le Modèle occidental de la guerre*. Il soutient que, dans notre « modèle occidental », la guerre ne vaut que si les deux adversaires, vainqueur et vaincu, tirent les mêmes conclusions de leur affrontement. Il faut que le vaincu reconnaisse sa défaite. Ainsi, en Irak, en 1991, alors que les Américains étaient convaincus d'avoir gagné haut la main, les Irakiens ont considéré, pour leur part, qu'ils avaient résisté pendant de longs mois à une immense coalition internationale. Et ils ont refusé de tirer les conséquences de leur défaite, comme l'a montré la terrible répression de l'insurrection des Kurdes. La deuxième guerre du Golfe procède sans doute pour une large part de ce « malentendu ». Si on applique ce schéma à la Russie, voilà ce que cela pourrait donner. En 1989, avec la chute du mur de Berlin, puis de l'URSS, les Américains proclament leur victoire dans la guerre froide. L'URSS et le pacte de Varsovie sont dissous, la Biélorussie et l'Ukraine prennent leur indépendance, etc. Sauf que la Russie, à ma connaissance, n'a jamais explicitement reconnu sa défaite. Poutine a bien parlé en 2005 de « la plus grande catastrophe géopolitique du XXe siècle » à propos de la fin de l'URSS. Mais à un moment où l'idée d'une « reconquête » se faisait sans doute déjà jour chez lui, dans un effort continu pour surmonter la « défaite » non reconnue de 1989-1991... Bref, ma question serait alors la suivante : ne nous sommes-nous pas complètement trompés en croyant que l'on avait « gagné » la guerre froide ? Dans la mesure même où notre adversaire n'a pas reconnu sa défaite, nous n'avons peut-être pas vraiment gagné cette guerre. Et nous nous sommes bercés d'illusions en croyant le contraire. Dans cette hypothèse, la guerre en Ukraine serait le prix que nous payons pour cette erreur fatale d'interprétation. Finalement, peut-être n'avons-nous connu qu'une brève pause dans un affrontement de longue durée, avec la chute du Mur, puis la dissolution de l'URSS. Dans la continuité, une nouvelle période de tension extrême entre l'Occident et la Russie se voit relancée aujourd'hui. Qu'en pensez-vous ?

G. A. : Voilà un scénario en effet très intéressant. Je vous livrerais d'abord, en guise de première réponse, un sentiment personnel. J'ai toujours pensé que nous avions une dette vis-à-vis des pays de l'Europe orientale qui ont vécu pendant quarante-cinq ans sous le joug soviétique et ont payé très cher pour notre liberté à nous, en Europe occidentale. De ce point de vue, la reconstitution de l'unité de l'Europe est une extraordinaire victoire que personne ne peut remettre en question. Ensuite, sur la Russie, deux hypothèses se font face. La première consiste à dire que nous avons négligé la Russie après la chute du mur de Berlin : elle voulait rejoindre l'Occident, nous n'avons pas répondu, nous avons élargi les frontières de l'Otan jusqu'à la Pologne et aux pays baltes. Et cela a donné le discours de Poutine lors de la conférence sur la sécurité en Europe de février 2007 où il a dit ouvertement : « Vous n'avez pas voulu de nous, dorénavant c'est la guerre. »

S. A.-R. : Et vous adhérez à cette hypothèse ?

G. A. : Laissez-moi vous exposer la seconde, car il n'y a pas de tiers exclu en relations internationales, contrairement aux mathématiques.

Deux thèses contraires peuvent être valables en même temps...

S. A.-R. : Je vous écoute, alors.

G. A. : La seconde hypothèse, c'est de considérer qu'il y a bien eu une catastrophe géopolitique. Car du point de vue russe, perdre et la Biélorussie et l'Ukraine, c'est absolument inacceptable. Pour les Russes, l'Ukraine fait partie de la famille de la Grande Russie. Peut-être étaient-ils prêts à accepter la perte des Républiques baltes ou du Kazakhstan, mais l'Ukraine et la Biélorussie, des territoires slaves qui faisaient partie de leur empire depuis plus de trois siècles, ce n'était pas possible. En 1991, Kiev était russe depuis plus longtemps que Strasbourg était française en 1871. Ce sentiment était renforcé par la vision que les Russes ont de leur sécurité qui remonte au XIXe siècle et n'a pas changé. Il leur faut s'assurer qu'aucune menace ne puisse provenir de leur « étranger proche » soit en y imposant leur influence, soit en en écartant toute alliance potentiellement hostile. Dans ce contexte, l'Otan, quelle que soit sa réalité défensive, lorsqu'elle a dressé son drapeau à Tallinn, aux portes de Saint-Pétersbourg, ne pouvait être vue à Moscou que comme une menace. La Russie qui n'en faisait pas partie ne pouvait être assurée sur ses intentions et de toute façon elle y voyait, à juste titre, un obstacle à son influence. En termes stratégiques, elle était renvoyée à une situation qu'elle n'avait plus connue depuis le XVIIe siècle, sa frontière occidentale ouverte comme aux temps des invasions polonaises. Je sais que cette vision peut nous apparaître archaïque, voire incompréhensible, mais elle correspond à la pensée stratégique que partageait l'Occident en 1939 depuis des siècles. L'Europe occidentale a été la seule à y renoncer. Peut-être faudrait-il y revenir ou, au moins, être conscient que d'autres continuent d'y adhérer et d'en tirer les conséquences qui s'imposent.

S. A.-R. : Donc vous suggérez que les deux parties ont leur responsabilité dans la crise qui a conduit à la guerre. La Russie, de ne pas avoir compris que l'Europe avait le droit de se réunir. L'Europe et l'Occident, de ne pas avoir voulu faire une place à la Russie ?

G. A. : Les historiens jugeront. Cela étant, on ne peut même pas dire que l'Otan ait décidé de « s'élargir ». Ce sont les pays qui venaient de se libérer du joug soviétique qui ont voulu immédiatement rejoindre l'Otan par une peur compréhensible d'un retour d'une Russie dont ils avaient une douloureuse expérience. On oublie d'ailleurs souvent qu'au début, les États-Unis ont refusé, par prudence, leur adhésion. Lorsque Clinton accepte finalement, en 1994, d'ouvrir l'organisation à de nouveaux pays de l'Europe de l'Est, des pontes de la défense et de la sécurité aux États-Unis, qui sont loin d'être des pacifistes, s'élèvent pour s'y opposer, au nom de la nécessité de ménager la Russie. C'est dire que pour eux, l'élargissement « involontaire » de l'Otan était perçu comme une imprudence. J'ai vécu cette période puisque je fus un des négociateurs français du premier élargissement de l'Alliance en 1997 : l'ambiance générale de cette époque a fait qu'il était impossible politiquement de refuser la candidature de pays européens démocratiques qui ne demandaient qu'à assurer leur sécurité. La Russie, qui connaissait une période chaotique devant déboucher sur la première guerre de Tchétchénie, n'apparaissait guère stable. On se contenta par conséquent de lui offrir, comme « prix de compensation », un accord spécifique de consultations avec l'Otan. Des erreurs d'appréciation ont donc sans doute été commises des deux côtés. Il aurait certainement fallu pouvoir concevoir dans sa globalité un nouvel espace de sécurité européenne. Personne, ni d'un côté ni de l'autre, n'en a pris l'initiative. En définitive, je conclus que l'élargissement de l'Alliance était moralement et politiquement inévitable. On imagine aujourd'hui ce qu'aurait été le sort des États baltes s'ils n'étaient protégés par leur participation à l'Otan.

S. A.-R. : Chercher la responsabilité première d'un conflit, c'est souvent un piège en histoire. Et cela exige du recul. Concernant la Première Guerre mondiale, les historiens ont mis du temps à s'accorder pour dire que la responsabilité première revenait à l'Allemagne – ce qui ne veut pas dire que la Russie, la France ou l'Angleterre n'aient pas eu leur propre part de responsabilité. Et l'idée contraire est revenue en force récemment ! Dans le cas de l'Ukraine, il semble évident que la responsabilité première de cette guerre revient à la Russie – ce qui ne veut pas dire qu'elle est seule responsable. Mais un élément plus intrigant et plus intéressant est la question du *temps*. C'était le sens de ma question initiale. Quand considérons-nous que la nouvelle séquence historique dans laquelle nous nous situons, marquée par le retour possible de la guerre en Europe, a commencé ? En

2022, avec l'invasion de l'Ukraine ? En 2014, avec l'annexion de la Crimée ? En 2007, avec les menaces de Poutine (en février 2007, à l'occasion de la conférence sur la politique de sécurité à Munich, Vladimir Poutine dénonçait l'unilatéralisme américain dans la gestion des affaires du monde) ? En 2008, avec l'invasion de la Géorgie ? Dès 1991, avec la chute de l'URSS ?

G. A. : La nouvelle séquence historique commence, en effet, en 2007 quand Poutine fait violemment état de son désaccord sur ce qui est en train de se passer, au même moment où – et c'est capital – il a rétabli l'économie et la puissance militaire de la Russie, qui s'étaient effondrées en 1991 et 1998. À mes yeux, c'est à partir de ce moment-là qu'il juge son pays assez fort pour ne plus accepter ce qu'il voit comme une avancée hostile de l'Occident vers ses frontières. Il a enfin les moyens d'assurer la sécurité de la Russie « à la russe », c'est-à-dire en écartant par tous les moyens l'adversaire potentiel de « l'étranger proche ». Il oppose à l'Otan la logique de la zone d'influence qu'il veut maintenir ou réaffirmer sur les anciens territoires perdus de l'URSS. Il intervient en Géorgie où il occupe l'Abkhazie et l'Ossétie du Sud, il annexe la Crimée. Alors que des troupes sans insigne s'emparent de la Crimée, Poutine a l'outrecuidance d'affirmer à la télévision que ce ne sont pas des soldats russes. Trois semaines plus tard, il les décorera personnellement à Moscou. Quand j'ai entendu certains commentateurs s'incliner, « Quel grand stratège ! », j'ai pensé : « Mais ce n'est même pas le comportement d'un ancien colonel du KGB, c'est l'attitude d'un petit voyou. » En politique étrangère, « les convenances sont les convenances », non par quelque délicatesse de diplomate désuet, mais parce que la denrée la plus rare y est la confiance. Ce jour-là, Poutine nous a prouvé qu'on ne pouvait lui en accorder aucune. Quelques années plus tard, on a vu ce que cela donnait avec l'intervention en

Syrie où l'aviation russe a ciblé avec une brutalité inédite les hôpitaux civils...

S. A.-R. : Ce sont en effet des avertissements que nous n'avons pas voulu entendre. Je me souviens de l'Armée syrienne libre, qui mettait en garde contre le fait que la Russie ne s'arrêterait pas au Proche-Orient... Nous n'avons pas voulu voir qu'il y avait un lien entre ce qui se jouait en Syrie et ce qui se jouait en Géorgie et en Crimée. Nous n'avons pas voulu voir le sens de ce qui se passait. Et sur l'Ukraine, ce faux départ a pesé et continue de peser de tout son poids. On songe ici à ce que l'historien René Rémond appelait la « force des commencements » : faute d'avoir « bien » commencé, nous ne cessons de courir après les événements en reproduisant notre erreur initiale. Le propre d'un déni, c'est qu'il se reconstitue facilement, surtout quand il porte sur des objets aussi lourds, aussi tragiques, que la guerre. Il me semble que nous n'avons pas cessé de reconstituer des lignes défensives de déni. J'en vois trois.

D'abord, la croyance ou l'espoir d'une guerre courte : dans les toutes premières semaines, on a espéré qu'on pourrait éviter une guerre longue grâce à des négociations et à un cessez-le-feu. On suivait les négociations avec attention et on croyait pouvoir sortir de la guerre rapidement, comme si tout cela n'avait été qu'un accident, presque un mauvais rêve. Ensuite, il y a eu la découverte des horreurs de Boutcha. On n'ignorait pourtant pas la brutalité de l'armée russe en Afghanistan ou en Tchétchénie. Or, on a découvert avec stupeur l'ampleur des atrocités, les viols des femmes, les soldats et les civils sans défense et torturés, abattus gratuitement. Je dois avouer que cette indignation, parfaitement justifiée bien évidemment, m'a surpris. Car nous savons pourtant bien qu'une des caractéristiques de la guerre moderne, c'est qu'elle s'en prend à la totalité de la population adverse – ce qu'on peut appeler l'« ennemisation » de l'adversaire. Bizarrement, contre l'expérience du passé, nous avons espéré une guerre « propre ». Enfin, troisième déni : celui d'une défaite possible de l'Ukraine. Nous avons vécu dans l'espérance un peu folle d'une percée du front russe au printemps et à l'été 2023, alors que les forces en présence rendaient un tel espoir totalement irréaliste. En dépit du répit provisoire apporté, récemment, par l'aide américaine, ne devrions-nous pas commencer à admettre que l'Ukraine, hélas, peut perdre cette guerre ?

G. A. : On a même entendu des personnalités proposer de renvoyer Poutine devant la justice internationale, comme si on pouvait se débarrasser d'un ennemi, d'un adversaire sur le champ de bataille, en le mettant en examen. C'est pourtant simple et évident : avec 140 millions d'hommes dans l'armée russe, contre 40 millions en Ukraine, une armée moderne, la deuxième industrie d'armement au monde, des ressources financières abondantes et un dirigeant implacable, l'Ukraine ne peut pas l'emporter. Entretenir l'espoir opposé, c'est un déni de ce qu'est la guerre. La guerre, ce n'est, hélas, pas le bon qui doit l'emporter parce qu'il est le bon et que le mal ne saurait être récompensé. Toute l'histoire prouve que c'est une naïveté sans nom. La masse vainc le courage. Le champ de bataille est le seul juge du dénouement d'un conflit.

S. A.-R. : La question essentielle n'est pas de savoir si la Russie va ou peut perdre la guerre, c'est de savoir comment et à quel moment l'Ukraine risque de perdre celle-ci. La pratique historienne ne permet aucunement de prévoir l'avenir. En outre, la guerre est un « caméléon », comme le disait Clausewitz dans une formule frappante, et celle-ci a déjà changé plusieurs fois de visage en deux ans. À cet égard, des surprises stratégiques, et aussi politiques, sont toujours possibles. Mais enfin, même si cela m'arrache le cœur de le dire, je crains beaucoup qu'une défaite ukrainienne s'inscrive désormais « dans les cartes ». J'aurais évidemment souhaité, comme nombre d'entre nous, une victoire ukrainienne, mais on ne voit rien se dessiner de cet ordre sur le champ de bataille.

G. A. : J'ajouterais que ceux qui prétendent que la seule solution réside dans le retour de l'Ukraine dans ses frontières de 1991 ne sont pas sérieux. D'ailleurs, si vous écoutez les déclarations des États-Unis, vous vous rendrez compte qu'ils ne sont pas des va-t-en-guerre. Ils savent qu'il n'y aura pas de paix sans compromis territorial et ils sont prêts à l'endosser si ce dernier garantit l'indépendance de l'Ukraine. Cette guerre est pour eux une « distraction » au sens objectif du terme. Elle les éloigne de leur préoccupation centrale, la Chine. Si demain Poutine offre un armistice sur les lignes de combat actuelles, je suis convaincu que les États-Unis seront prêts à en discuter, quitte à se contenter d'une « solution à la coréenne », un armistice pérenne.

S. A.-R. : La vraie question a donc trait à la manière de perdre. La défaite peut aboutir à la signature d'un armistice après qu'un prix très élevé a été infligé à la Russie – c'est là un espoir tout à fait vraisemblable. Mais la défaite et la signature d'un armistice peuvent intervenir parce que le front s'effondre. On songe ici à la manière dont l'Allemagne a perdu à l'automne 1918 : elle entre en négociation en novembre alors que l'armée allemande est en train de se dissoudre sur le champ de bataille avec des pertes effroyables. Il y a là toute une gamme de situations qu'on ne peut pas prévoir.

G. A. : À mon avis, l'Ukraine ne peut pas retrouver ses frontières de 1991, elle ne récupérera pas le Donbass ni la Crimée. Mais croyez-vous que cette perspective réaliste est audible aujourd'hui en Europe ?

S. A.-R. : On est bien obligé de l'entendre. Si on ne l'entend pas, nous nous entretenons nous-mêmes dans la dangereuse illusion que l'Ukraine peut gagner. Mais avec quoi ? Je suis un simple historien, je ne dispose pas d'une expertise militaire considérable, mais j'ai été stupéfait, au printemps dernier, quand l'Allemagne a fini par livrer les chars Leopard à l'Ukraine alors que ceux-ci ne disposaient pas d'une couverture aérienne. Excusez-moi, mais depuis l'été 1918, on sait que des chars sans avions pour les protéger, ça ne marche pas. Les Allemands et les Soviétiques en ont fait la cruelle expérience pendant la Seconde Guerre mondiale... Quand on fait de la politique, de la diplomatie, aussi bien que de l'histoire, il faut se prémunir contre tout risque d'inconscience, qui constitue un piège mortel. Et nos sociétés sont pétries d'inconscience.

G. A. : Depuis le 7 octobre, un deuxième conflit guerrier a fait effraction dans nos esprits, à côté de l'Ukraine : celui du Proche-Orient et de la guerre à Gaza. Pensez-vous, comme certains, que ce deuxième front fait partie de la même séquence historique et qu'il y a là un facteur de complication de l'Histoire tout aussi difficile à intégrer pour la conscience européenne ?

S. A.-R. : Sans aborder les risques de l'extension du conflit dans tout le Proche-Orient, je crois que ce qui caractérise le 7 octobre pour l'historien que je suis, c'est un franchissement inédit des seuils de violence, marqué par un déploiement de pratiques de cruauté qui nous ont atteints moralement, et pas seulement politiquement. Les meurtres de masse commis par le Hamas, avec la vivisection des corps, les viols systématiques, suivis de l'intervention israélienne extrêmement brutale dans la bande de Gaza, ont fait de nous les témoins de phénomènes qui portent atteinte à ce que j'appellerais « notre confiance dans le monde ».

G. A. : Pour ma part, je crois que le retour de la guerre pour les Européens, c'est le retour de la guerre en Europe. Je ne pense pas que la guerre au Proche-Orient entre dans ce spectre-là. D'abord, parce que la guerre à Gaza fait suite à une longue série d'autres faits de guerre depuis 1948 : à Gaza même, en 2008, 2011, 2014 et 2018 ; mais dans tout le Proche-Orient aussi, avec la guerre entre l'Irak et l'Iran, les deux guerres du Golfe, les opérations contre Daesh, etc. Ensuite, je ne crois pas du tout à la perspective d'un embrasement généralisé de la région qui conduirait à la perspective d'une troisième guerre mondiale par le biais des alliances mutuelles (entre l'Arabie saoudite et les États-Unis ou entre l'Iran et le Hamas, par exemple) enchevêtrées avec des conflits de confession (entre les communautés shiite et sunnite). Les acteurs n'ont ni l'intérêt ni la puissance pour soutenir une extension du conflit. L'Iran ne pèse pas militairement face à Israël et aux États-Unis ; les monarchies du Golfe sont plus proches d'Israël que du Hamas, leur ennemi idéologique inexpiable ; les autres pays arabes sont accaparés par leurs problèmes internes. La Chine a tout intérêt à la stabilité d'une zone qui lui fournit l'essentiel des produits pétroliers dont elle a besoin. Seule, la Russie peut essayer de pêcher en eau trouble.

Cela n'empêche pas ce conflit d'avoir une importance fondamentale pour la conscience européenne. J'émets d'ailleurs une hypothèse à cet égard. Le conflit israélo-palestinien pourrait devenir ce qu'a pu être la guerre du Vietnam dans les années 1970. Pour la jeunesse en particulier, c'est devenu un conflit *emblématique*. Il n'a pas vraiment de réalité stratégique, politique ou militaire pour les pays occidentaux dont les intérêts vitaux ne sont pas engagés, mais il a une portée symbolique. C'est le ressort de la mobilisation de la jeunesse dans les universités américaines et européennes. Alors même que par sa taille et sa population, ce conflit ne devrait pas attirer autant d'attention, il encapsule les valeurs de la nouvelle génération, très critique vis-à-vis de l'histoire occidentale et du colonialisme en particulier.

CHAPITRE II

Faire la guerre

Gérard Araud : « Êtes-vous prêt à faire la guerre pour défendre votre pays ? » À cette question, seuls 20 % des Européens semblent répondre favorablement. Ce qui inquiète de nombreux esprits qui dénoncent le pacifisme ambiant. Mais en réalité, la question n'a pas de sens. Ces sondages n'ont aucune valeur. Parce que le jour où votre pays entre en guerre, vous n'avez pas le choix. Vous en êtes *de facto* solidaire, que vous le vouliez ou non.

Stéphane Audoin-Rouzeau : À cet égard, le géopolitologue Pascal Boniface, spécialiste des relations internationales, a eu cette formule choc sur le plateau de *C ce soir* : « Moi, je n'irai pas mourir pour le Donbass... »

G. A. : C'est une formule malheureuse. D'abord parce que personne ne lui demande de mourir pour le Donbass. Ensuite, la meilleure manière de ne pas mourir pour le Donbass, c'est paradoxalement de convaincre l'ennemi qu'on est prêt à le faire. À l'inverse, affirmer *a priori* sa faiblesse, c'est le meilleur moyen de susciter puis de perdre la guerre. Il faut dissuader l'agresseur en lui prouvant que le prix de son agression sera élevé et non pas compter sur sa bonne volonté. C'est ce qui a motivé, à mon sens, les déclarations du président de la République, Emmanuel Macron, sur la possibilité d'envoyer des troupes au sol, françaises et européennes, en Ukraine...

S. A.-R. : La formule de Pascal Boniface sur le Donbass fait écho au slogan pacifiste de Marcel Déat, néosocialiste et antimilitariste, qui demandait, en mai 1939, alors que Hitler menaçait de récupérer ce corridor polonais séparant l'Allemagne de la Prusse-Orientale : « Faut-il mourir pour Dantzig ? » On pense aussi au socialiste Paul Faure qui, au moment de Munich, se disait prêt à signer un pacte avec le diable pour maintenir la paix... De mon point de vue, ce sont des phrases ignobles moralement et absurdes stratégiquement. Il faut leur opposer celle de l'historien Marc Bloch. Dans *L'Étrange Défaite*, écrit en juillet 1940, il soulignait que le souvenir des destructions de 1914-1918 avait mis les Français dans l'état de « tout accepter plutôt que de subir cet appauvrissement ». Il ajoutait : « Singulière sagesse, qui ne se demandait point s'il peut être, pour une civilisation comme pour une économie, pire catastrophe que de se laisser vaincre par une nation de proie ! » Cette espèce de renoncement affirmatif, par avance, devant la puissance de l'adversaire, est un désastre. En s'inclinant avant même de livrer bataille, on perd sur tous les tableaux.

G. A. : Reste cependant à admettre que nous sommes à un moment critique en Ukraine : cela va mal pour l'armée ukrainienne sur le champ de bataille et, de surcroît, la perspective de l'élection de Trump, enclin à tout céder à Poutine, est dorénavant crédible. Pour les Européens, c'est donc un moment de vérité. À l'Élysée, récemment, je faisais valoir que si le 5 novembre Trump est élu président des États-Unis, il faudra, dès le lendemain, réunir un Conseil européen où les Européens décideraient tous ensemble, soit de lâcher, soit de défendre l'Ukraine. Dans le deuxième cas, il faudrait alors se donner réellement les moyens de le faire efficacement et de sortir du déni dont vous parlez : entrer en économie de guerre, produire quarante mille obus par jour, et menacer d'envoyer des troupes au sol si l'indépendance de l'Ukraine est dans la balance pour assurer notre crédibilité. Jusqu'au 5 novembre, Poutine n'a aucun intérêt à négocier. Il attend la victoire de Trump qui serait un énorme jackpot pour lui. Jusque-là, nous sommes dans le temps du combat et c'est la logique du champ de bataille qui prime sur celle de la politique. La guerre a son rythme propre. Il y a des moments où des espoirs de paix surgissent – comme au début de 1917, si je ne m'abuse, où on a cru, à tort, qu'une fenêtre pour des négociations de paix était en train de s'ouvrir. Aujourd'hui, nous sommes dans le temps de la guerre. Mais faisons un petit exercice d'imagination. Et projetons-nous dans un scénario que j'aime beaucoup. Nous sommes le 21 janvier 2025, Donald Trump vient de prendre ses fonctions comme président des États-Unis, après sa réélection en novembre 2024. Il appelle Vladimir et lui donne rendez-vous le 23 janvier à Astana, la capitale du Kazakhstan. Le 24, il arrive à un accord aux dépens des Ukrainiens et par-dessus la tête des Européens. Que fait-on à votre avis ? Excusez-moi d'être brutal, mais bien entendu qu'on accepte. Nos opinions publiques seront tellement soulagées. Ce serait comme à Munich : Trump serait acclamé sur le tarmac et deviendrait un héros de la paix, même en Europe... Nous n'y sommes pas encore, heureusement. Et jusqu'au 5 novembre, il faut aider les Ukrainiens à tenir. Dans cette nouvelle guerre de tranchées, comme en 1914-1918, ce qui est décisif, ce sont les canons et les hommes. Or les Russes ont les deux...

S. A.-R. : En effet, nous n'avons aujourd'hui pas le choix, nous autres Européens, que d'aider l'Ukraine. Mais pour la suite, je ne serais pas aussi affirmatif que vous. Personne ne peut préjuger de ce que serait la réaction des nations européennes si la guerre venait à s'étendre. Remontons à la Grande Guerre, à laquelle la guerre d'Ukraine ressemble par tant d'aspects. À l'été 1914, en France, le pacifisme était largement dominant. Seuls quelques milieux nationalistes étaient partisans de la guerre. On se prépare à la mobilisation dans les états-majors, mais on a le sentiment que celle-ci sera extrêmement difficile à imposer. Or, au moment où la mobilisation intervient, la totalité de la nation bascule. Même les anarchosyndicalistes, farouchement opposés à la guerre, se rallient à une guerre perçue comme purement défensive, qui fait voler en éclats leur internationalisme, dont ils découvrent finalement la superficialité. À la stupeur des nationalistes, comme Barrès, convaincu de longue date que la France s'effondrerait face à l'Allemagne. Bref, le pacifisme s'efface et laisse la place à un très vigoureux patriotisme de défense de la nation attaquée. Autre exemple : la réaction des Français au moment des attentats contre le Bataclan et l'*Hyper Cacher*. N'a-t-on pas vu le pays se lever pour faire bloc contre le terrorisme islamiste ? Tout cela pour dire que nous ne pouvons pas présumer, sur la base de l'opinion actuelle scrutée en *temps de paix*, de ce qui se passerait dans le cas où la France devrait entrer dans le *temps de guerre*. La France est une nation constituée de longue date et il est tout à fait possible que face à une guerre d'agression, ou simplement *perçue* comme telle, le patriotisme défensif fasse un puissant retour. Cela jouerait dans le rapport de force, qui ne tient pas seulement aux effectifs militaires, mais engage aussi les représentations collectives. À mon sens, cela rend l'avenir plus ouvert, et aussi bien plus incertain que vous ne le croyez.

G. A. : Peut-être avez-vous raison. Il y a quelques années, à l'époque où j'étais ambassadeur de

France aux États-Unis, les Américains organisaient des voyages d'adolescents français qui venaient des quartiers difficiles. Je tenais à les recevoir à l'ambassade. Et je sortais toujours de ces entretiens la larme à l'œil. Ces jeunes gens, majoritairement d'origine maghrébine ou africaine, se sentaient manifestement très français. Ils insistaient pour être pris en photo avec leur ambassadeur devant le drapeau tricolore... Il existe toute une rhétorique malsaine aujourd'hui qui met en cause l'attachement d'une partie de la population à la nation. La nation existe bien, mais il faudrait qu'elle se sente vraiment en danger pour qu'elle se mobilise. Je ne suis pas sûr que la perspective de la perte de l'Ukraine y parvienne.

S. A.-R. : Permettez-moi de vous livrer un constat qui suscite depuis le début du conflit en Ukraine ma plus grande stupéfaction, à titre d'historien de la Grande Guerre. On avait le sentiment que la guerre de 1914-1918 était loin de nous, à tous égards. D'un point de vue technologique, d'un point de vue stratégique, d'un point de vue humain aussi. Les guerres de la seconde moitié du siècle semblaient avoir remisé au musée des Antiquités un conflit tel que celui de 1914-1918. Et rien de plus normal : la technologie militaire a fait des progrès colossaux et l'histoire des guerres ne revient pas en arrière. Et voilà qu'avec la guerre en Ukraine, tous les traits spécifiques de la Grande Guerre ont soudainement réapparu : les tranchées, l'importance de l'artillerie, celle des saisons aussi, la supériorité écrasante de la défensive sur l'offensive – qui permet aux Ukrainiens de tenir aujourd'hui alors qu'ils sont à un contre dix sur le champ de bataille, en artillerie et en forces terrestres. Considérons encore la « faim d'obus » de l'Ukraine qui fait étrangement penser à la situation de l'armée française en septembre 1914, après la bataille de la Marne... Ou encore l'implication des civils, le sort des blessés de guerre, la lassitude combattante et les doutes de l'état-major, un doute de plus en plus profond quant à la possibilité de continuer à tenir encore longtemps. Au printemps et à l'été 1918, il y a eu une fenêtre d'opportunité qui aurait pu permettre à l'Allemagne de l'emporter. N'est-ce pas la même chose aujourd'hui, à l'été 2024, avec la Russie ? Dans les deux cas, on est confronté à la possibilité d'un effondrement du front en raison de la disproportion des moyens. Alors bien sûr, de nos jours, il y a les satellites, les drones, les bombes planantes, une aviation et une artillerie modernes, des chars performants, mais globalement, en dernière instance, la configuration centrale est redevenue comparable à la Grande Guerre : des tranchées, des hommes s'épuisant à les défendre et, entre les deux lignes, des mines qui jouent un peu le même rôle que les barbelés en 1914-1918. De manière assez fascinante, tout se passe comme si la guerre nous avait fait remonter le cours du temps...

G. A. : Un élément qui change tout de même la donne, par rapport à 1914-1918, c'est la présence de l'arme atomique. Le fait que la Russie soit une puissance nucléaire, et, qui plus est, qu'elle use et abuse de la menace de recourir à l'arme atomique, constitue un élément inédit qui a puissamment influé sur nos schémas stratégiques. Cela a décidé de la stratégie de refus de l'escalade, avec nos hésitations sur la livraison d'armes aux Ukrainiens, des canons et des avions. C'est particulièrement vrai pour les Américains qui raisonnent en termes de puissance nucléaire. Lorsqu'ils s'opposent ou critiquent les attaques contre les raffineries russes, par exemple, c'est qu'en termes de dissuasion, le territoire national d'une puissance nucléaire est sacré. On n'y touche pas de peur de mener à l'escalade nucléaire. Les Russes, de leur côté, n'ont cessé de brandir cette menace dans leur rhétorique de guerre alors qu'en règle générale, laisser planer l'incertitude est un atout dans la dissuasion. En réalité, ils ont décidé de surjouer la menace pour faire peur aux Européens. Ils jouent très bien la partition de la guerre, non seulement la guerre sur le champ de bataille, mais la guerre dans l'information et dans la désinformation surtout. Cela dit, militairement cette menace n'a pas de sens. Une arme nucléaire tactique, ce n'est pas un gros canon. Comment allez-vous l'utiliser ? Qu'est-ce que vous allez détruire ? Kharkiv ? Comme les Américains ont détruit Hiroshima et Nagasaki ? Non, évidemment pas. Et, sur le champ de bataille, ce n'est pas possible étant donné l'intrication des forces. Cette menace est donc destinée à jouer avec les nerfs de l'adversaire. En revanche, si l'armée ukrainienne entrait sur le territoire russe et mettait la souveraineté russe en question, le scénario nucléaire deviendrait plus sérieux.

S. A.-R. : Aujourd'hui, on est plutôt dans un scénario opposé, celui d'un possible effondrement du front ukrainien. Ne croyez-vous pas qu'il faut envisager sérieusement le scénario de troupes russes perçant jusqu'à Kiev, ne serait-ce que pour mettre au clair ce qu'on ferait dans cette situation, si elle survenait ?

G. A. : J'ai eu de longues conversations avec des militaires et des diplomates à propos de ce scénario. Et j'en ai retiré une conviction : si d'aventure le front ukrainien s'effondrait et que les troupes russes remontaient vers Kiev ou Odessa, je crois que l'Occident se verrait contraint d'intervenir. Vous ne pouvez pas marteler pendant deux ans que vous ne laisserez pas perdre l'Ukraine... pour, finalement, renoncer. Car vous perdez alors tout prestige et tout crédit sur la scène internationale. Nous nous sommes trop engagés pour nous désengager. Je suis convaincu que l'aviation occidentale interviendrait dans le cas où Kiev ou Odessa, c'est-à-dire l'indépendance et la viabilité de l'Ukraine, seraient menacées de tomber. C'est la ligne rouge de l'Occident. Je n'ai aucune preuve de ce que j'avance. Je sais que beaucoup de lecteurs pousseront les hauts cris, qu'on m'opposera le refus des opinions publiques. J'ai peut-être tort et je souhaite ardemment que nous n'ayons pas la possibilité de le vérifier. Mais c'est le fond de ma pensée de diplomate et de géopoliticien. Nous ne pouvons plus accepter une défaite de l'Ukraine aujourd'hui. Les enjeux en termes de politique étrangère et d'équilibre du monde sont trop importants. Nous ne pouvons pas perdre cette guerre parce que d'une certaine manière c'est aussi *notre* guerre. Et une défaite écrasante de l'Ukraine serait aussi *notre* défaite. La puissance, c'est d'abord une crédibilité. La nôtre serait gravement compromise.

S. A.-R. : Donc, si on vous suit, la Russie ne peut pas perdre cette guerre, mais l'Ukraine non plus. En tout cas pas totalement...

G. A. : À mon sens, le mieux qu'on puisse obtenir aujourd'hui, c'est parvenir à un front stabilisé qui incite Poutine à considérer qu'il ne peut pas espérer aller plus loin et qu'il se dise, comme au poker, qu'il doit ramasser ses gains – le Donbass et la Crimée. L'essentiel est qu'il arrive à la conclusion qu'il ne peut pas gagner.

S. A.-R. : La perspective d'une percée des Russes jusqu'à Kiev, qui impliquerait que cette armée installée dans les tranchées et retranchée derrière des champs de mines soit capable de se remettre en mouvement, me semble personnellement irréaliste. En revanche, la possibilité d'une dissolution de l'armée ukrainienne sur le champ de bataille est tout à fait envisageable, hélas. Le front pourrait craquer. Grâce à l'arrivée, très lente malheureusement, de l'aide américaine, cette perspective semble cependant s'éloigner peu à peu.

G. A. : Si le front ne craque pas, la question de la négociation va se poser peu à peu, quel que soit le vainqueur de l'élection présidentielle américaine. Si c'est Trump, ce sera brutal. Mais, dans tous les cas, l'administration américaine veut se sortir de cette guerre le plus vite possible. Avec Biden, elle voudra le faire honorablement. Une fin « honorable » pour des Américains qui sont à six mille kilomètres n'a peut-être pas la même signification que pour les Européens ou pour le président ukrainien, Volodymyr Zelensky. Mais même Zelensky est un réaliste. On l'a vu dans les premières semaines de la guerre, quand il y a eu un début de négociation. Je connais un certain nombre de députés qui font partie du groupe d'amitié France-Ukraine, qui sont allés là-bas, qui ont discuté avec Zelensky. Ce dernier ne parle jamais de la Crimée, laissant entendre que ça n'est pas un enjeu ou un objectif essentiel pour lui. Intrigué par le fait que les Ukrainiens n'aient pas mobilisé les moins de 25 ans, j'ai interrogé nos représentants sur place. La réponse officielle, c'est : on n'a ni les officiers ni les armes pour les former. Cependant, en vérité, le jeune de Kiev veut défendre son pays mais n'est pas prêt à tout sacrifier pour la Crimée ou le Donbass. Aussi le gouvernement ne sait pas vraiment si la jeunesse répondrait à une mobilisation plus large. Cela en dit beaucoup, me semble-t-il, sur ce que l'Ukraine peut se donner comme objectif final.

CHAPITRE III

Vivre avec la possibilité de la guerre

Gérard Araud : Il y a dix ans, envisager la guerre n'aurait eu aucun sens pour un jeune Français comme pour toute la jeunesse en Europe. Aujourd'hui, même ceux qui s'opposent par principe à la guerre ont compris qu'elle est revenue dans le champ des possibles. Elle refait partie du débat et même de l'expérience.

Stéphane Audoin-Rouzeau : C'est un changement majeur. Dans un pays comme la France, qui est la première puissance militaire en Europe occidentale, où la culture et l'histoire militaires sont anciennes et importantes, s'est produite une forme très accentuée de *déprise* de la guerre, si je puis dire. Mais nullement au niveau cognitif : la guerre est enseignée massivement dans nos écoles et dans nos universités, elle est présente dans toute la production culturelle, du roman au cinéma en passant par le jeu vidéo. Mais si elle est bien présente autour de nous, c'est au titre d'un passé révolu. En tant qu'enseignant, c'est une question que je me pose d'ailleurs : comment avons-nous fait pour enseigner la guerre en laissant entendre qu'elle appartenait à un passé qui ne reviendrait plus ? C'est tout de même assez troublant. Sans doute avons-nous présenté les choses d'une certaine manière... Je ne sais pas exactement à quoi cela tient, toujours est-il que c'est le message que nous avons fait passer. Nous avons participé à cette déprise générale de la guerre et du fait militaire. C'est une rupture importante dans un pays comme la France où il y avait, de longue date, une sorte de lien insécable entre la citoyenneté, du moins masculine, et le port des armes. Pour ma part j'appartiens à une génération qui a fait son service militaire à la fin des années 1970. J'ai été en contact avec le monde de l'uniforme, celui des armes, des grades, du tir, avec le discours des officiers, des sous-officiers, avec les manœuvres, etc. Mais je n'ai pas touché au réel de la guerre. Et je me souviens qu'un jour, l'historien Pierre Nora, qui appartient à la génération de la Seconde Guerre mondiale, m'avait dit : « Vous êtes la première génération à enseigner la guerre sans l'avoir faite, alors qu'avant vous, on comptait une guerre par génération. » La guerre d'Algérie, avec ses 1,5 million de conscrits à partir de 1956, a sans doute été le dernier moment où la guerre a touché réellement tous les jeunes citoyens français et percuté leur vie. Ensuite, la déprise de la guerre s'est vue confirmée par la fin de la conscription et le passage à une armée de métier, très restreinte en nombre, de plus en plus cantonnée à des opérations extérieures. Tous ces éléments conjugués ont contribué à éloigner les nouvelles générations de l'idée qu'il pourrait être nécessaire de porter les armes. Et que la guerre faisait partie du champ des possibles.

G. A. : Il n'y avait pas que le service militaire pour accréditer la possibilité de la guerre. Il y avait aussi les récits de guerre. Dans chaque famille, chacun avait son souvenir, son anecdote, le fait d'armes de l'oncle ou du grand-père pour la Première et pour la Seconde Guerre. L'expérience de la guerre était transmise par les anciens combattants encore si nombreux dans mon enfance. Je me souviens d'un voisin de mon immeuble qui avait été gazé en 1918. Il avait 70 ans, et quand il montait jusqu'au premier étage, on entendait son souffle dans toute la cage d'escalier. Toute sa vie, il a dormi dans un fauteuil parce qu'il ne pouvait plus respirer à plat. On l'aidait à monter, on discutait avec lui, il nous racontait non seulement les tranchées, mais aussi la faim, l'humiliation, l'occupation. Tout cela était concret et avait presque une odeur. Voilà comment la guerre faisait partie de notre éducation sensible, tangible.

S. A.-R. : J'ai vécu une partie de ma jeunesse avec le grand-père de la femme qui allait devenir mon épouse. La moitié de sa main était paralysée, car il faisait partie des grands blessés de 1915. La vision de sa main atrophiée sur la table est restée gravée dans mon esprit comme un rappel constant de ce que la guerre peut faire au corps humain...

G. A. : Cette dimension charnelle et concrète de la guerre est manifestement sortie de notre horizon. Faut-il la réintroduire ? Je ne sais pas. J'entends certains évoquer le retour de la conscription. Mais ça n'a pas de sens militairement. Le service militaire, ce n'est pas du scoutisme. On ne va pas former une génération, soit quatre-vingt mille jeunes, pour rallumer le flambeau de l'union nationale. Non, ce n'est pas sérieux. Les armées se sont toutes professionnalisées. Et ce n'est pas en revenant sur cette tendance lourde qu'on va renforcer notre défense.

S. A.-R. : Cela dit, une armée de métier comme celle de la France, aujourd'hui, ne pourrait tenir que quatre-vingts kilomètres de front...

G. A. : L'armée est taillée en fonction des menaces existantes. Je ne vois pas d'hypothèse où l'armée française devrait livrer une bataille de chars. Contre qui ? Qui compte nous envahir ? En général, on veut toujours se préparer à la guerre d'avant. Aujourd'hui, par exemple, on veut nous préparer à la guerre d'Ukraine. Mais s'il y avait une guerre contre la Russie, il y aurait aussi des spécialisations : celles des Polonais ne sont pas celles des Allemands ni celles des Roumains. Et nous serions, pour notre part, en deuxième ligne pour les soutenir, donc nous devrions éventuellement envoyer une brigade blindée. Mais nous n'avons pas à préparer notre armée uniquement contre la Russie. Les menaces contre lesquelles la France peut se préparer sont multiples : il y a l'espace, le cyberespace, la Méditerranée et nos territoires ultramarins. Par ailleurs, il y a en Europe une solidarité entre les membres de l'Union qui devrait les inciter à se spécialiser selon leur géographie. Personnellement, je suis convaincu que la France n'a pas à se préparer à la bataille avec des conscrits. Nous avons besoin d'ingénieurs, d'informaticiens de très haut niveau et ça coûte davantage qu'un bataillon...

S. A.-R. : Notre génération est la dernière génération qui se soit préparée à une guerre hypothétique contre le pacte de Varsovie, avec des chars lourds pour un affrontement de grande ampleur dont on est très heureux qu'il n'ait pas eu lieu. C'est ensuite seulement que l'armée française, comme les autres armées européennes, s'est convertie en armée expéditionnaire professionnelle. Pour autant, ne pouvons-nous pas être légitimement inquiets que s'il fallait envoyer une brigade en soutien en Ukraine ou en Pologne, par exemple, il faudrait des semaines, sinon des mois, pour la réunir ? Et elle ne pourrait pas être uniquement composée de soldats français : il faudrait d'autres Européens acceptant d'être sous commandement français. Comme je le disais, le front que pourrait tenir effectivement cette force ne pourrait sans doute pas excéder quatre-vingts kilomètres. Il est tout de même assez surprenant que nous ayons bâti un outil militaire si peu adapté à un conflit comme celui de l'Ukraine. Sans doute faut-il le faire évoluer ? C'est une des grandes leçons de ce conflit.

G. A. : Il faut le faire évoluer. Mais cela ne veut pas dire qu'il faille préparer l'armée aux grandes batailles du front de l'Est de la Première Guerre mondiale...

S. A.-R. : Vous avez évidemment raison. Comment faire revenir l'éventualité de la guerre dans les représentations concrètes et l'horizon d'attente des Européens, sans tomber dans le piège qui consisterait à se préparer pour la dernière guerre en ratant la suivante ? C'est toute la difficulté. Depuis une dizaine d'années, les stratèges me paraissent y réfléchir. D'assez longue date, ils ont préconisé de consacrer 2 % du PIB aux dépenses militaires. Tout cela implique des choix budgétaires et politiques extrêmement sensibles, compte tenu de l'état de nos finances. Signe du changement en cours, les Polonais sont déjà à 4 %. C'est énorme.

G. A. : Il n'y a pas que le budget et l'armement. Il y a aussi l'état d'esprit d'un peuple. Je me souviens être allé en Israël à deux reprises avec vingt ans d'écart. La première fois, dans le taxi, nous discutions de musique classique et de littérature. La seconde fois, vingt ans plus tard, d'entraînement sportif et militaire. Je me suis dit que sous le coup des guerres menées par ce peuple, la musculation avait remplacé le violoncelle dans les esprits...

S. A.-R. : C'est ce que l'historien américain d'origine allemande, George L. Mosse, appelait la « brutalisation » des sociétés sous le coup de la guerre. Il faut entendre *brutalisation* au sens de « rendre brutal » (et non pas de « brutaliser »). Mosse émettait l'hypothèse que la Grande Guerre avait eu pour effet de brutaliser les sociétés européennes... D'où les totalitarismes des années 1930 et 1940. Il est certain que les sociétés allemande, italienne et aussi russe ont été massivement brutalisées par leur expérience de guerre du début du XXe siècle. C'est moins vrai de la société française ou de celle britannique – victorieuses en 1918 – même si la Grande Guerre, pour la France, représente la perte de 900 morts par jour pendant quatre ans et demi – et 1 200 pour l'Allemagne. Nous en sommes très loin aujourd'hui, même en Ukraine. Il faut donc raison garder. Nous demeurons gorgés de paix. Mais cela n'empêche pas que certains compartiments de nos sociétés soient en proie à un mouvement que je qualifierais de « dyscivilisation » (un concept du politiste néerlandais Abram de Swaan) plutôt que de « décivilisation » : c'est-à-dire que des enclaves de la société deviennent de plus en plus brutales et anomiques quand d'autres se dirigent dans le sens inverse. C'est ce mouvement qui me paraît décrire le social de manière plus fine que la brutalisation ou la décivilisation générale présupposées par l'expérience directe de la guerre.

G. A. : Il y a une crise globale des sociétés occidentales qui suscite une révolte d'une partie des couches populaires contre les élites. La classe moyenne inférieure et la classe ouvrière se sentent déstabilisées dans leur statut et dans leurs valeurs. Quelle y est la place de la guerre ? Il me semble que les classes populaires expriment en partie leur révolte en envoyant le message aux élites que la guerre en Ukraine, la guerre où est censé se décider l'avenir de l'Europe, c'est en réalité la guerre des élites. On voit le même phénomène aux États-Unis, où la révolte prend pour cible l'élite de Washington, Wall Street, et oppose l'« America First » à toutes les velléités d'interventionnisme militaire à l'étranger. En Europe, la révolte prend pour cible Bruxelles, devenue le bouc émissaire de tous nos problèmes. C'est tout à fait injuste, mais c'est ainsi. Ce message a été capté par le populisme d'extrême droite. Dans ce contexte, il faut reconnaître que Poutine joue un rôle de composition très bien rodé. Cet ancien agent du KGB qui se présente aujourd'hui comme une icône de la foi orthodoxe se positionne comme le défenseur de la civilisation contre un Occident décadent, gangrené par le wokisme et les minorités. Poutine a réussi le tour de passe-passe de faire de la Russie, où on divorce et où on pratique l'avortement deux fois plus qu'en France, la nouvelle Jérusalem des valeurs traditionnelles… C'est extraordinaire ! Il y a là de sa part une imposture parfaitement accomplie.

S. A.-R. : De ce point de vue également, le conflit qui se joue en Ukraine ressemble un peu à la guerre d'Espagne dans les années 1930 du xxe siècle : une guerre à nos portes, mais encore lointaine, alors que des choix importants se dessinent (entre la démocratie et l'autoritarisme par exemple). Certains s'engagent parce qu'ils ont compris que l'avenir de l'Europe s'y joue, tandis que les extrêmes, à droite comme à gauche, cultivent un pacifisme prudent et sont prêts à toutes les compromissions pour ne pas avoir à entrer en guerre. Mais si ce schéma est juste, alors ne sommes-nous pas à la veille d'un embrasement général ?

G. A. : Je ne crois pas au scénario d'une troisième guerre mondiale. Parce qu'il n'y a pas de coalition, il n'y a pas de blocs homogènes. Lorsqu'on parle des Brics ou du Sud global dont la Russie et la Chine seraient les avant-postes, en réalité c'est une association entre des acteurs très hétéroclites dont le seul point commun est de vouloir se libérer de la gouvernance occidentale du monde. Tous nous disent : on en a assez de vos leçons, de votre hypocrisie et de votre « deux poids, deux mesures ». Mais ce refus partagé de la domination occidentale ne suffit pas à créer des intérêts communs. Entre l'Inde et la Chine, par exemple, il existe de profondes divergences et des incidents opposent leurs soldats dans l'Himalaya en permanence, puisque la frontière entre les deux pays n'y est pas délimitée. Par ailleurs, l'Inde a besoin de l'Occident pour son développement, et pour équilibrer son rapport de force avec la Chine. Le ministre des Affaires étrangères indien Subrahmanyam Jaishankar l'a affirmé au parlement de New Delhi, récemment : « Nous avons besoin de l'Occident. » Ce qui ne l'empêche pas d'acheter du pétrole bon marché aux Russes en faisant fi des sanctions... Quant à l'alliance entre la Chine et la Russie, elle ressemble un peu à l'alliance entre l'Allemagne et l'Autriche-Hongrie de 1914. La puissance montante, c'est la Chine, la puissance déclinante, c'est la Russie. En 1914, c'est la puissance déclinante, l'Autriche-Hongrie, qui a déclenché la guerre parce qu'elle cherchait ainsi à échapper à son déclin. En quoi l'analogie éclaire-t-elle le cas de la Chine et de la Russie ? D'abord, la Chine ne lâchera pas la Russie parce que celle-ci est sa seule alliée et que « l'ennemi de mon ennemi est mon ami ». Ensuite, le duel qui se met en place entre les États-Unis et la Chine est une vraie confrontation stratégique. Mais de là à penser que la Chine va donner un chèque en blanc à la Russie comme l'Allemagne l'a fait en juillet 1914 avec l'Autriche, non ! La Chine ne peut pas tolérer une défaite et une humiliation de la Russie. Mais cela ne suffit pas à ce qu'elle renonce à son ambition de puissance pour s'engager dans une troisième guerre mondiale ruineuse et destructrice pour tout le monde. Dans ce cadre, je crois que l'Europe doit éviter de se considérer comme la grande forteresse de la démocratie dans le monde face à l'ensemble des pays du Sud qui seraient confondus dans l'autocratie... Soyons pragmatiques et acceptons que nos interlocuteurs aient leur propre vision de leurs intérêts même si ceux-ci ne correspondent pas toujours aux nôtres. Renonçons aux croisades et passons des accords au cas par cas.

S. A.-R. : Revenir de l'horizon d'une paix perpétuelle à une vision plus réaliste, disons machiavélienne, des rapports de force, en somme ? J'ai toujours pensé que l'horizon utopique de la paix perpétuelle était une forme de millénarisme. Une des caractéristiques du rêve millénariste, c'est que dans le « millénium » de bonheur censé précéder le Jugement dernier, il y aurait une disparition totale de la guerre. Cette idée de la paix définitive, qui a été le grand rêve européen, s'est brisée sur le choc des deux guerres mondiales... avant d'être relancée par le projet européen et la réconciliation franco-allemande. C'est seulement aujourd'hui, peut-être, que l'Europe peut tirer les leçons de son histoire, en se forgeant une idée plus réaliste du projet européen. Vouloir supprimer la guerre, c'est vouloir supprimer le politique. Car la guerre est consubstantielle au politique.

G. A. : On ne peut pas tout régler par la discussion pacifique entre gens « bien élevés »... En réalité, les Occidentaux ont toujours été machiavéliques. Nous avons toujours pratiqué la raison d'État et les rapports de force. C'est en cela que nous avons un problème avec le reste du monde. Nous prétendons ne pas être machiavéliques ou machiavéliens, alors que tous les autres voient bien que nous le sommes. Je me souviens, à l'époque où j'étais ambassadeur de France aux Nations unies, j'avais fait un discours sur les manquements aux droits de l'homme à Cuba, à la tribune des Nations unies. L'ambassadeur de Cuba est venu me voir après pour me dire, dans un français impeccable : « Mon cher Gérard, c'est très bien. Et quand tu feras le même discours sur l'Arabie saoudite, je viendrai. » Évidemment, je n'ai jamais fait le même discours sur l'Arabie saoudite. On retrouve ce reproche du deux poids, deux mesures aujourd'hui avec ce qui se passe entre Gaza et l'Ukraine. Dès qu'il y a un missile qui tombe sur Kharkiv, en Ukraine, nous hurlons et nous avons raison. Alors que sur Gaza, nous restons étrangement silencieux. Je sais bien que les cas sont différents mais, aux yeux de l'opinion publique dans le Sud global, nous révélons là toute notre hypocrisie. Que penser de ces pays occidentaux qui désavouent le tribunal qu'ils ont créé, la Cour pénale internationale, dès qu'il menace de prendre une décision qu'ils désapprouvent, par exemple la mise en cause du gouvernement israélien ? Ils renoncent à tout leadership moral. Comment pouvons-nous prétendre que nous ne sommes pas machiavéliques alors que nous prenons parti pour un pays qui commet des crimes de guerre parce que c'est un allié ? Le reste du monde le voit très bien. Je ne dis pas qu'il faut arrêter de pratiquer le réalisme, il faut juste arrêter de prétendre que nous ne le faisons pas. Il faut le pratiquer avec plus de lucidité en admettant aussi le double jeu des autres, au lieu de leur donner des leçons.

S. A.-R. : Il s'agirait, en somme, de sortir de l'inconscience !

Chapitre IV
Jusqu'où l'Europe doit-elle s'engager ?

Gérard Araud : Après la reprise de l'aide américaine, longtemps bloquée au Congrès américain par le camp républicain, les Européens ont annoncé à leur tour que leur soutien allait se renforcer en Ukraine. Ils envisagent dorénavant, comme l'a annoncé Emmanuel Macron, d'envoyer des formateurs sur le terrain. À mesure que la guerre dure et s'aggrave, le même débat ne cesse de resurgir : devons-nous envoyer des canons ? Et des missiles ? Et des chars ? Et maintenant, des hommes. On est là devant un concept stratégique que j'appellerais l'« économie de moyens ». En politique étrangère, comme dans beaucoup d'activités humaines, vous essayez d'atteindre vos objectifs au moindre coût. Cela peut paraître cynique, mais c'est le fondement même de la politique. Après que la Russie a envahi l'Ukraine, nous avons affirmé que nous ne voulions pas voir l'Ukraine disparaître ni voir la Russie avancer vers les frontières de l'Union européenne, ce qui lui permettrait d'exercer une pression sur l'Europe, du fait de ses succès stratégiques en Ukraine. En conséquence, nous avons apporté un soutien militaire à l'Ukraine en essayant de le doser pour ne pas nous engager dans une escalade vis-à-vis de la Russie. Mais étant donné la disproportion des forces entre les deux ennemis, nous sommes en réalité entraînés dans une escalade progressive. Nous avons toujours essayé – et c'était sans doute une erreur – que notre soutien soit au moindre coût, dans tous les sens du terme : militaire, industriel, financier, politique. Mais nous ne pouvons pas ne pas compenser les difficultés de l'Ukraine. Lorsque le président de la République française annonce que nous allons probablement envoyer des forces sur place si cela permet d'empêcher Odessa ou Kiev de tomber, il brûle peut-être les étapes et il a d'ailleurs provoqué immédiatement des cris d'orfraie dans toutes les capitales européennes. Mais en réalité, nous sommes voués à soutenir l'Ukraine davantage à mesure que le temps passe. Lorsque vous vous engagez dans une guerre, il est de plus en plus difficile d'en sortir à mesure qu'elle se poursuit et qu'elle inflige des dommages aux belligérants. Pourquoi ? Parce que votre crédibilité est engagée. En l'occurrence, l'Occident ne peut plus se permettre de perdre cette guerre. Je suis convaincu qu'il est trop tard, que nous nous sommes engagés devant le reste du monde et que nous ne pouvons plus reculer. Le réveil qui a été le nôtre, de ce côté-ci de l'Europe, a été lent et douloureux. C'est normal. Nous avons connu soixante-dix-sept ans de paix, de prospérité, de liberté, sans faire la guerre. À l'échelle de l'histoire longue de notre continent, c'est une nouveauté majeure. Il est normal que le retour de la guerre dans notre horizon rencontre de vives résistances. En Europe, l'Angleterre a perdu la voix au chapitre depuis le Brexit et l'Allemagne a des raisons historiques majeures de cultiver un certain pacifisme. Par conséquent, cela donne à la France un rôle particulier.

Stéphane Audoin-Rouzeau : Si, comme vous le dites, nous sommes voués à entrer toujours plus avant dans cette guerre, à mesure que les Ukrainiens plient sous les assauts de la Russie, est-ce qu'à un moment donné nous ne risquons pas d'être considérés comme cobelligérants par la Russie ? D'un autre côté, si nous restons éternellement en retrait... ne risquons-nous pas de mener une guerre « par procuration », une guerre assez immorale au fond, qui délègue aux Ukrainiens (amenés à en payer tout le prix, en êtres humains en particulier) la défense de la sécurité européenne et de ses frontières ?

G. A. : Vous laissez entendre que les Russes ont le projet de s'attaquer à l'Union européenne, après l'Ukraine. Or je ne pense pas pour ma part que ce soit leur objectif. Pour une première raison, assez simple : ils n'en ont pas les moyens.

Ils ont déjà tellement de difficultés à se battre en Ukraine, je ne les vois pas demain déclencher une guerre avec l'Otan... Cela ne veut pas dire que la guerre en Ukraine n'a pas de conséquences stratégiques pour l'Europe. Ensuite, il existe d'autres moyens de faire pression que les armes. Les Russes ont éprouvé leur volonté et leur capacité de conduire une guerre, cela leur suffit pour peser sur des pays frontaliers ou chercher à les vassaliser en les intégrant dans leur sphère d'influence. Tout cela pour dire que je n'utiliserais pas cette expression de « guerre par procuration ». Nous ne menons pas une guerre contre la Russie, par procuration, et la Russie n'a pas l'intention de s'attaquer à nous. En revanche, notre intérêt stratégique, militaire et politique rejoint celui des Ukrainiens de repousser les Russes pour conserver leur indépendance et leur intégrité territoriale. Nous préférons qu'il se trouve un pays entre nous et la Russie de manière à préserver notre propre sécurité.

S. A.-R. : Je comprends votre analyse et, en fait, je la partage. Sur le plan militaire, je suis frappé par deux éléments, qui sont des éléments de continuité. Premier élément : la logique d'une guerre *de position* continue de jouer à plein, avec par exemple cette influence prépondérante des conditions climatiques : comme en 1915-1918, où la guerre ne cessait d'être rythmée et relancée, chaque année, par les offensives de printemps. Ainsi en Ukraine, cette année, à nouveau, avec le printemps, nous avons connu ce réveil du front qui a permis l'offensive russe. Deuxième élément : la défensive continue de l'emporter sur l'offensive, ce qui est la caractéristique de la guerre de position. À la sortie de l'hiver, l'infériorité militaire des Ukrainiens était manifeste et, franchement, tragique. Tous les chiffres montraient une disproportion de moyens de 1 à 10, qu'il s'agisse d'artillerie ou d'infanterie, sans même parler de l'aviation. Et en dépit de cette asymétrie, les Ukrainiens ont réussi à tenir leurs positions avec des reculs limités et tout en infligeant (apparemment) des pertes extrêmement importantes à l'attaquant. Ce qui, là encore, est conforme à la logique de la guerre de position, très coûteuse pour celui qui se découvre. Comme vous, je suis saisi par ce que j'appellerais un « franchissement de seuil ». Les Occidentaux ont enfin admis que les armes qu'ils livrent à l'Ukraine puissent frapper, de manière limitée, le territoire russe. Les avions de combat F-16 vont bientôt entrer en scène. Et on envisage maintenant, ouvertement, d'envoyer des instructeurs sur le territoire ukrainien, entraînant la menace russe de les prendre comme autant de cibles légitimes – ce qui n'est pas anodin. Tout cela témoigne d'un engagement croissant. On peut juger celui-ci trop lent, au vu des attaques répétées que subissent les Ukrainiens. Mais avec l'arrivée de l'aide américaine qui va irriguer progressivement le front au cours de l'été et de l'automne, on peut espérer qu'ils résistent. En revanche, une offensive contre les Russes ne me semble pas envisageable, encore moins une offensive victorieuse. Mais les Ukrainiens devraient pouvoir solidifier leur front. Et cela me conduit à soulever une question inquiète : puisqu'on n'imagine plus que la situation sur le front puisse se renverser au profit de l'Ukraine, ne sommes-nous pas dans une situation d'impasse politique et stratégique ?

G. A. : Je suis d'accord, nous sommes dans une impasse politique et stratégique, et – je l'ai déjà dit – je crois que nous sommes voués à demeurer dans cette impasse au moins jusqu'à l'élection présidentielle américaine du 5 novembre prochain. Poutine qui a l'initiative pour le moment sur le champ de bataille attend (et espère) avec impatience la perspective de l'élection de Donald Trump. Son intérêt est donc très clairement d'attendre ces élections américaines. Il sait, comme nous tous, qu'une fois de plus les Américains détiennent la clé d'une solution politique. C'est désolant pour les Européens, mais c'est ainsi. Pour les Russes, on ne négocie qu'avec les Américains, pas avec les nains européens. D'autant que la Russie voit dans le face-à-face avec les États-Unis la consécration de son statut de grande puis sance, ce qui est un élément essentiel dans la pensée politique russe. Qu'en sera-t-il donc en novembre ? Soit Trump est élu, et la solution sera brutale. Trump l'a dit, il entend résoudre le problème en vingt-quatre heures. Soit Joe Biden – ou un autre démocrate – est réélu, et il cherchera lui aussi à sortir peu à peu de ce conflit au travers d'un accord négocié. Les Américains considèrent qu'ils ont été attirés dans cette guerre par Poutine, mais que ce n'est pas un front essentiel, que c'est une « distraction » au regard de leur obsession, la Chine. Et donc ils seraient tout à fait prêts à une négociation d'armistice avec les Russes. Jusqu'au 5 novembre, il y aura sans doute des offensives russes et des contre-offensives ukrainiennes. Cela sera épouvantable, avec des dégâts et des victimes civiles toujours plus nombreuses. Mais à moins d'un effondrement du front ukrainien – et aucun signe ne semble l'indiquer pour le moment –, il est probable qu'on soit dans la même situation d'impasse à la fin de l'automne...

S. A.-R. : Très probable, mais pas absolument certain. C'est l'origine de mon inquiétude. Car la guerre est un produit hautement modifiable ; c'est le fameux « caméléon » de Clausewitz... J'ai été frappé par la réplique des Américains lorsque les Russes ont mené des exercices militaires nucléaires à la frontière ukrainienne, en agitant ce chiffon rouge tellement redouté par les Européens. Apparemment, les Américains ont alors fait savoir aux Russes, *via* la Pologne, que si d'aventure ces derniers utilisaient l'arme atomique en Ukraine, ils se sentiraient autorisés à détruire toutes les forces russes sur le sol ukrainien. N'est-ce pas là une ligne rouge ? Et une inquiétude fondamentale portant sur la guerre qui, comme l'a montré Clausewitz (encore lui !), se voit toujours aspirée par la logique d'une montée aux extrêmes ?

G. A. : Vous avez évoqué l'envoi de troupes françaises et européennes sur le sol ukrainien pour entraîner l'armée ukrainienne. Étant donné la manière dont les Russes jouent sur les divisions et la prudence des opinions publiques européennes, il n'est pas du tout exclu que les Russes ciblent ces soldats. Nous avons déjà des forces spéciales. Mais elles sont dissimulées. Si nous envoyons officiellement des soldats, ils pourraient être visés ostensiblement et spécifiquement et nous pourrions avoir des morts. Les Russes viennent d'ailleurs, par le biais d'agents à leur solde, de faire déposer des cercueils au pied de la tour Eiffel, en guise d'avertissement. Il en va de même, selon moi, de la menace nucléaire. Les Russes l'agitent parce qu'ils savent que cela effraie l'opinion publique. Cela fait partie du jeu et du bluff à la fois infantile et tragique de la guerre. Cela dit, sur le fond de la question du nucléaire, il y a un autre acteur très important qui est la Chine. Elle a fait savoir publiquement qu'elle ne voulait surtout pas que ce conflit devienne nucléaire d'une quelconque manière que ce soit. Il y aurait là une escalade qui échapperait à tout contrôle et qui ferait sortir l'arme nucléaire du cadre stratégique qui est le sien. Par principe, l'arme nucléaire est une arme de non-emploi. On ne l'a d'ailleurs pas utilisée depuis 1945. Si elle entrait dans le champ de bataille, ce serait une rupture sans précédent, une modification conceptuelle extrêmement dangereuse. Aussi j'ose espérer que c'est une menace sans lendemain à laquelle il est normal que les Américains répondent par une autre menace pour montrer qu'ils ne sont pas intimidés.

S. A.-R. : Si l'on revient sur les effets produits par cette guerre « chez nous », je voudrais soulever la question des conséquences des dernières élections européennes qui ont été marquées par la montée en puissance des extrêmes droites dans toute l'Europe, et en France en particulier. Lors de la campagne, Marine Le Pen a affirmé : « Nous n'irons pas faire des guerres qui ne sont pas les nôtres. » Compte tenu de la puissance politique du RN, et des extrêmes droites européennes, ne doit-on pas considérer qu'une partie des opinions et des peuples européens se considèrent comme étrangers à cette guerre ? Certes, les enjeux domestiques importent davantage à cet électorat que les enjeux extérieurs. Mais en tant qu'historien, je suis frappé par la ressemblance de cette déclaration de Marine Le Pen – sur le refus de faire des guerres qui ne sont pas les « nôtres » – avec certains discours des années 1930 (alors adossés, il est vrai, à une expérience *concrète* de la guerre, entraînant son rejet viscéral). Néanmoins, il y a là l'expression d'une forme de pacifisme qui rappelle l'avant-Seconde Guerre mondiale. Cela dit, il faut ajouter que les pro-Russes avancent masqués aujourd'hui. Et le fait même qu'ils soient obligés d'avancer masqués est le signe à mes yeux que le soutien occidental à l'Ukraine n'est pas près de s'effondrer. Je l'espère en tout cas...

G. A. : Deux remarques. D'abord, il faut relever qu'il y a aujourd'hui deux extrêmes droites en Europe. C'est net dans le cas italien. Il y a l'extrême droite pro-européenne et pro-Otan incarnée par la nouvelle présidente du Conseil, Giorgia Meloni, et l'extrême droite nationaliste et fascisante incarnée par Matteo Salvini. Et c'était d'ailleurs déjà le cas en 1940 où il existait une extrême droite résistante et une extrême droite pro-Vichy. On voit bien que Marine Le Pen hésite un peu entre les deux. Elle a pris ouvertement ses distances avec l'AfD en Allemagne, dont les accointances avec le passé nazi sont louches. Mais elle a semblé un temps plus proche de Salvini que de Meloni. Où ira-t-elle à l'avenir entre ces deux directions ? Deuxième remarque, plus surprenante et provocante, avec laquelle vous ne serez peut-être pas du tout d'accord. Je suis persuadé qu'au fond ce débat russe dissimule la question centrale mais voilée de la politique étrangère française, c'est-à-dire la question allemande. Je pense que dans les milieux de l'extrême droite nationaliste française, on est pro-Russe parce qu'on est anti-Allemand. Et c'est la même raison pour laquelle on est anti-Européen. La construction européenne s'est présentée depuis l'origine comme la solution du problème allemand. Comment canaliser la puissance allemande ? En l'intégrant dans l'Union européenne. L'extrême droite considère d'ailleurs que l'Europe est une entreprise allemande et que Bruxelles est dominée par l'Allemagne. C'est une logique en partie inconsciente, mais je suis convaincu que le penchant russe de l'extrême droite procède d'un calcul stratégique : faire alliance avec l'Est contre l'Allemagne. Les Russes sont nos alliés historiques contre l'Allemagne.

S. A.-R. : Voilà une hypothèse intéressante. Difficile à confirmer ou à infirmer pour l'historien qui travaille sur les documents plutôt que sur les inconscients politiques. Mais il n'est pas exclu que cela pèse en effet dans le parti pris russe de l'extrême droite européenne.

Chapitre V

Comment faire la paix ?

Stéphane Audoin-Rouzeau : Peut-on envisager la paix et comment ? Il est impossible de penser le retour de la guerre dans notre expérience sans se poser la question ultime de savoir comment on en sort. Mais sortir de la guerre, ce n'est pas seulement faire la paix au sens militaire, juridique ou politique, cela engage les représentations collectives de part et d'autre. Si tel est le véritable sens de la paix, on comprend que nous en sommes très éloignés, voire qu'elle puisse actuellement nous sembler impossible, même à moyen terme. Au moment de la guerre froide, Raymond Aron avait utilisé une formule frappante pour caractériser ce conflit qui était à la fois généralisé et gelé entre les deux grandes puissances : « Paix impossible, guerre improbable. » Il me semble que la formule retrouve une certaine pertinence à propos de la guerre en Ukraine et de notre capacité à obtenir des belligérants qu'ils se dirigent sinon vers la paix, ou du moins, dans un premier temps, vers un armistice. Qu'est-ce qu'un armistice ? C'est un arrêt provisoire des combats, assorti éventuellement de conditions qui peuvent empêcher toute reprise de la guerre. Ainsi, le cas archétypal de l'armistice du 11 novembre 1918 qui met fin à la Première Guerre mondiale. L'Allemagne signe certes un armistice mais les *conditions* de l'armistice ne sont pas très éloignées d'une capitulation dans la mesure où les livraisons d'armes et de matériel lourd aux Alliés interdisent à l'Allemagne toute reprise de la guerre. Dans le cas de l'Ukraine également, la paix paraît en effet difficile, sinon impossible, et l'hypothèse d'un armistice – d'un arrêt provisoire des combats, donc – semble la seule voie possible. On peut aussi imaginer un armistice qui ne débouche jamais sur une négociation de paix, comme en Corée. Mais dans tous les cas, armistice provisoire, armistice définitif, ou accord de paix, il faut une « carte de guerre » qui permette à chacun des deux camps de considérer qu'il y a plus à gagner à arrêter la guerre qu'à la poursuivre. Et les raisons de chaque camp peuvent d'ailleurs ne pas être les mêmes. Toute la difficulté est d'arriver à ce moment où l'arrêt des combats apparaît « profitable » aux deux camps, où chacun des deux protagonistes considère qu'il est de son intérêt d'arrêter les frais. Or, il faut bien admettre que nous sommes encore extrêmement loin de cette situation en Ukraine.

Gérard Araud : Prenons les choses au ras du sol. Le problème en Ukraine, c'est l'annexion des quatre provinces de l'est du pays par la Russie. Pour qu'il y ait la paix, il faudrait soit que l'Ukraine renonce à ses quatre provinces, alors même que la Russie ne les a pas conquises militairement, soit que la Russie renonce à leur annexion officielle et juridique et rende ces territoires. Comme aucune de ces deux sorties de guerre ne semble envisageable, je vois difficilement comment on pourrait aboutir à un traité de paix, à moins d'une progression spectaculaire de l'armée russe dans les semaines ou les mois qui viennent. Par conséquent, la voie de l'armistice, de l'arrêt des combats, semble plus raisonnable, qu'il s'agisse d'un armistice à la coréenne qui fige les choses ou d'un armistice comme préalable à la paix. Et je crois que les discussions actuelles sont conduites en ce sens. Plutôt que de viser une paix extrêmement difficile et peut-être impossible, se contenter de mettre un terme au combat. Ensuite, je suis d'accord avec vous, on n'en est pas là : les Russes n'ont aucun intérêt objectif à arrêter les combats, ils cherchent au contraire à être dans la meilleure situation militaire possible dans la perspective de négociations qui ne commenceront qu'après les élections américaines, si elles commencent...

S. A.-R. : Revenons à la formule concise et stimulante de Raymond Aron : « Paix impossible, guerre improbable. » Ce qui est intéressant, c'est la deuxième partie. Car la guerre n'est pas impossible, elle a eu lieu, elle est toujours en cours. La question, c'est de savoir ce qui rend la *paix* possible ou impossible. Les historiens se sont intéressés aux « après-guerres » sans se rendre compte que la notion d'après-guerre était purement chronologique, et en fait un peu paresseuse. Dans la guerre moderne, caractérisée par la mobilisation des « passions » (comme disait, là encore, Raymond Aron), l'arrêt des combats ouvre sur un processus de longue durée, seul susceptible de surmonter les haines réciproques. Et dans le cas des Russes et des Ukrainiens, on peut redouter que les haines croisées ne soient pas près de s'éteindre. On a célébré cette année les 80 ans du débarquement des Alliés, le 6 juin 1944. Eh bien, rappelons-nous qu'il y a quarante ans, pour le 6 juin 1984, le président Mitterrand n'avait pas invité le chancelier allemand Helmut Kohl. Cela avait froissé les Allemands. Et c'est la raison pour laquelle Mitterrand avait invité Helmut Kohl en visite personnelle au mois de septembre, et qu'il y a eu ce fameux « main dans la main » devant le cimetière de Douaumont, à Verdun. Mais, au fond, en juin 1984, il ne paraissait pas illogique que l'Allemagne ne fût pas invitée. Et le 11 novembre 2009, quand Nicolas Sarkozy a invité Angela Merkel à commémorer la fin de la Première Guerre mondiale sous l'Arc de Triomphe, devant la tombe du Soldat inconnu, ce geste est apparu comme d'une « audace incroyable » – selon la formule du journal *Le Monde* à l'époque. On effaçait l'inimitié historique entre les deux grands peuples européens. Or, c'était en 2009, presque un siècle après le début des hostilités ! Cela me fait dire que lorsque nous envisageons la paix, il ne faut pas seulement avoir en tête l'armistice militaire ou le traité de droit international fixant un accord entre les protagonistes. Il faut penser en termes de « sorties de guerre », de processus, et de perceptions réciproques. Au vu du nombre de victimes et des ravages produits par la guerre en Ukraine, on est en droit de se demander combien de temps il faudra aux peuples et aux sociétés pour faire la paix au sens politique, culturel et même psychique du terme. Je pense aussi aux Polonais, aux Baltes, aux Roumains et même éventuellement aux Français.

G. A. : Vous avez raison de nous alerter, en tant qu'historien, sur les effets ravageurs de la guerre dans la longue durée. Moi qui suis diplomate, je me situe sur le temps court. Examinons comment les choses pourraient se passer à court et à moyen terme. Supposons qu'il y ait un arrêt des combats sur le sol ukrainien. On dit souvent qu'on ne peut pas négocier avec quelqu'un comme Poutine, qu'on ne peut pas lui faire confiance. Mais évidemment qu'on ne fait pas confiance à son ennemi. Nous n'avons pas fait confiance à l'Allemagne en novembre 1918, quand on a signé l'armistice. La confiance n'est pas un élément de relation internationale, ce qui veut dire que la paix a besoin de garanties objectives. Dans le cas de l'Ukraine, il va de soi qu'elle sera en droit d'exiger des garanties militaires des Alliés sur l'éventuel accord qui serait trouvé, afin de ne pas voir les Russes revenir dès qu'ils le pourraient. Ensuite, l'agression russe a installé parmi tous ses voisins la conviction que la Russie était une menace pour la sécurité européenne. En conséquence, il est probable – et cela a déjà commencé d'ailleurs – que l'Otan durcisse sa posture militaire vis-à-vis de la Russie. Enfin, tout le monde a pris conscience de sa dépendance vis-à-vis du gaz russe. Nous n'y retomberons pas. Tous ces éléments vont donc en effet rétablir un climat général en Europe qui nous rapproche de la guerre froide, différente de la précédente, mais qui risque de durer, à moins de bouleversements imprévisibles à Moscou. Il y aura des années de relations d'antagonisme entre l'Union européenne et la Russie. Et là je parle uniquement en termes diplomatiques et militaires, sur les dix ans à venir, je ne parle pas des opinions publiques et des haines recuites entre les peuples que vous évoquiez à très juste titre, comme historien.

S. A.-R. : Paul Valéry, dans un texte très hostile à l'Histoire publié en 1931, prétendait que celle-ci ne cessait de transmettre haines et rancœurs nationales. « L'Histoire est le produit le plus dangereux que la chimie de l'intellect ait élaboré », écrit-il. Je relève à cet égard que la Russie n'a pas été invitée aux célébrations des 80 ans du Débarquement... alors que Zelensky est venu en Normandie, aux côtés de Biden, de Macron et de tous les chefs d'État européens... Comme si l'Ukraine faisait dorénavant pleinement partie de l'aventure et de la conscience européenne de la guerre.

G. A. : Cela pose une question politique de fond : l'Ukraine fait-elle dorénavant partie de l'Europe ? Est-elle à l'Est ou à l'Ouest ? Et l'Europe elle-même, jusqu'où s'étend-elle ? Voilà des enjeux que la guerre a soulevés et fait évoluer. Je crois qu'un des grands « succès » de

M. Poutine aura été de faire basculer, peut-être définitivement, l'Ukraine vers l'Occident. J'en parlais récemment avec notre ambassadeur à Kiev. Et il me confirmait que l'aspiration de tous les jeunes Ukrainiens, c'est dorénavant d'intégrer l'Europe. « Nous voulons devenir comme vous, et nous ne voulons pas devenir comme la Russie », disent-ils. Et c'est un peu aussi ce que nous leur disons en les invitant aux cérémonies du Débarquement en la personne de leur président, Zelensky. « Vous êtes des nôtres. »

S. A.-R. : Personnellement, d'un point de vue civique et politique, j'approuve moi aussi cette invitation et ce message. Mais en tant qu'historien, il faut tout de même reconnaître que l'absence de la Russie aux commémorations du Débarquement reste troublante. D'un point de vue strictement historique, la défaite du nazisme n'est pas le fait des Américains, mais de l'immense effort de guerre, de l'immense sacrifice de l'Union soviétique dont la Russie est (en partie seulement, certes) l'héritière. Rappelons que sur les 5 300 000 soldats allemands morts pendant la Seconde Guerre mondiale, 4 millions sont morts sur le front est, face à l'Armée rouge. L'Union soviétique a compté 25 millions de victimes pendant la Seconde Guerre mondiale. Des chiffres colossaux, que l'on a peine à se représenter. Et bien sûr, parmi ces victimes, se trouvaient aussi des Ukrainiens en très grand nombre et la proportion des pertes est encore plus importante chez eux que chez les Russes. Mais je ne peux pas m'empêcher de penser qu'il y a une forme d'injustice historique tragique dans tout cela. Une injustice qu'il faut pourtant assumer politiquement et « mémoriellement ».

Conclusion

Une révolution géopolitique ?

Gérard Araud : D'un point de vue géopolitique, on pourrait être tenté de penser que la guerre engagée par la Russie en Ukraine aujourd'hui, ou celle que la Chine pourrait engager à Taiwan demain, inscrit le retour des aventures impériales sur la scène géopolitique. Après la chute du Mur en 1989 qui avait marqué l'installation des États-nations démocratiques comme le modèle des acteurs dans les relations internationales, les velléités impériales feraient leur retour avec un monde divisé en zones d'influence hégémoniques... Je pense pour ma part tout au contraire que cette guerre souligne le retour des États-nations comme acteurs centraux des relations internationales. En Europe, en particulier. Nous avons cru un temps, nous les Européens, que nous avions inventé avec l'Union européenne un nouveau modèle politique et une nouvelle manière de résoudre les différends : par la négociation, le compromis, la bonne volonté. Et il y a eu, autour des années 1990-2000, un moment de triomphe du projet européen qui se présentait au monde, comme un modèle politique inédit. Avec les États-Unis, nous nous sommes pris très orgueilleusement pour le modèle et le maître du monde. Or, le reste du monde nous a dit : « Non ! La suprématie occidentale, c'est fini ! » Nous entendons nous aussi défendre nos intérêts nationaux. Alors évidemment, les intérêts nationaux, chacun les défend sur la base de sa puissance. Certaines grandes puissances essayent d'étendre une zone d'influence autour d'elles. Il n'y a pas que la Russie. C'est ce que fait l'Inde au Sri Lanka, au Népal ou au Myanmar. Allez demander à ces pays ce qu'ils pensent de l'Inde. Et la Chine fait de même. J'en conclus que nous assistons au retour d'une grammaire que nous avions oubliée, à laquelle nous croyons pouvoir renoncer, la grammaire de puissance des nations. La parenthèse marquée par la suprématie occidentale au lendemain de la chute du Mur est close. Nous revenons à la situation antérieure de l'affrontement des puissances, certaines en lutte pour l'hégémonie, comme la Chine et les États-Unis, d'autres intermédiaires, comme l'Europe, d'autres encore relatives, comme la Russie. Est-ce que la Chine réussira à construire autour d'elle un bloc ? Est-ce que les États-Unis vont en reconstituer un nouveau ? Les grandes manœuvres traditionnelles des relations internationales sont de retour. Cela ne fait que commencer. Et il y aura de l'imprévisible. En 1914, la grande puissance, c'était l'Allemagne, elle s'est engagée avec l'Autriche-Hongrie, alliée en voie d'affaiblissement, dans une politique aventuriste en Serbie. Cela a donné le premier conflit mondial. Aujourd'hui, la grande puissance, c'est la Chine, dont l'alliée en voie d'affaiblissement s'est lancée dans une aventure en Ukraine... La rivalité de puissance dont le fondement n'est pas idéologique fait son grand retour. La Chine ne veut pas répandre les vertus du communisme chinois dans le monde. Mais elle veut compter, influer, etc. La logique de la puissance est la nouvelle réalité avec laquelle il faut compter. Et nous, Européens, n'y étions pas préparés. Le réveil est brutal.

Stéphane Audoin-Rouzeau : D'autant plus brutal si les États-Unis nous abandonnent...

G. A. : Je suis convaincu que si Donald Trump est élu, une véritable révolution géopolitique aura lieu. Les États-Unis, qui déjà nous quittaient sur la pointe des pieds, claqueront la porte au nez de l'Europe. Ils nous diront : « Vous n'êtes plus notre problème. Vous ne nous intéressez plus parce que vous êtes devenus une périphérie du monde. Le centre du monde est dorénavant situé dans le Pacifique. C'est le siècle du Pacifique et nous sommes des pragmatiques. »

S. A.-R. : Pour nous autres Européens, c'est d'autant plus troublant que nous avons connu, je l'ai déjà souligné auparavant, une déprise très profonde de la guerre : une déprise du fait militaire, de l'apprentissage de la guerre, du port de l'uniforme, etc. Mais cela ne me conduit pas à penser que nous sommes devenus absolument inaptes à la guerre. Souvenez-vous de 1914 : avant l'été, les élites militaire et politique étaient à peu près persuadées que la France serait incapable de subir le choc d'une attaque allemande. Mais à partir du moment où la guerre a été perçue comme légitime, parce que défensive – ce qui se produit dès les premières heures du conflit –, la société française a été capable de se mobiliser et de rester mobilisée sans rupture majeure pendant quatre ans et demi. Cela ne veut pas dire que les inquiétudes sur notre capacité à assumer éventuellement le fait guerrier ne soient pas hautement légitimes. Mais le temps de la guerre est un temps propre, irréductible au temps de paix. Donc, évitons d'insulter l'avenir.

Les auteurs

Gérard Araud est un ancien ambassadeur aux États-Unis, en Israël et aux Nations unies, et un écrivain à succès depuis la sortie de *Passeport diplomatique. Quarante ans au Quai d'Orsay* en 2019 (Grasset). Il décrypte l'actualité internationale chaque semaine dans *Le Point*. Son dernier livre, *Israël. Le piège de l'Histoire*, vient de paraître chez Tallandier (2024).

Stéphane Audoin-Rouzeau est un historien français qui a consacré quasiment l'ensemble de ses recherches à une histoire culturelle de la violence de la guerre au XXe siècle, de la Première Guerre mondiale en particulier. Il est directeur d'études à l'EHESS et président du Centre international de recherche de l'historial de la Grande

Guerre de Péronne dans la Somme. Il a fait paraître récemment *La Part d'ombre. Le risque oublié de la guerre*, avec Hervé Mazurel (Les Belles lettres, 2023) et *La Grande Guerre peut-elle mourir ?* (Odile Jacob, 2023).

Martin Legros est philosophe et journaliste, rédacteur en chef de *Philosophie magazine*, auteur notamment de *Pantopie* (Le Pommier, 2014), livre d'entretiens avec Michel Serres, coécrit avec Sven Ortoli, et de *Que faire ?* (Philosophie magazine Éditeur, 2014), un livre de dialogue entre Alain Badiou et Marcel Gauchet.

Karim Rissouli est journaliste. Animateur des émissions *C ce soir* et *En société* sur France 5, il est notamment l'auteur, avec Antonin André, des *Conversations privées avec le président* et de *L'Homme qui ne devait pas être président* (Albin Michel, 2016).

Table des matières

Cet ouvrage a été achevé d'imprimer
par l'Imprimerie CPI en août 2024
Numéro d'impression : 180407
Dépôt légal : août 2024
Imprimé en France